MZ세대는 어떤 선택을 할 것인가?

조국(祖國)의 종말, 그 이후를 위한 새로운 이야기

MZ세대는 어떤 선택을 할 것인가?

조국(祖國)의 종말, 그 이후를 위한 새로운 이야기

혜려휘 지음

인간사랑

차례

2장 서사의 구원

들어가며

이 책을 구상하게 된 계기는 조국사태였을까? 나에겐 조국사태보다 오히려 그 사안을 대하는 유시민의 언동들이 더 파국적으로 다가와서 이 책을 구상하게 된 것 같다. 그 결정적인 계기는 유시민이 출현한 김어준의 다스뵈이다를 본 이후였는데 유시민은 김어준의 다스뵈이다에 출현하기 이전부터 이미 정경심 씨가 PC를 반출하려고 한 행위를 증거인멸이 아닌 증거보전이라는 등 여러 이치에 맞지 않는 주장들을 하면서 그녀를 두둔했지만, 결정적이었던 것은 다스뵈이다에서 보여준 그의 태도였다. 그 충격적인 태도는 바로 김어준이 방송 중에 꺼낸 말, 이 정도 큰 싸움이 벌어지면 이기는 모습을 보여줘야 한다는 억지스러운 주장에 동의하는 모습에 충격을 받은 것이다. 칼 슈미트는 정치란 적과 동지를 구별하는 행위라고 말했던가. 다시 말해 정치란 진리라는 보편성을 추구하는 것이 아닌 적을 섬멸하고 승리를 취하는 행위라는 것이다. 그래서 나치시대의 법학자 칼 슈미트의 탈을 쓴 김어준의 주장에 동의하는 유시민의 모습에 충격을 받았다. 이 태도를 보면 왜 유시민이 조국사태 당시에 조국에게 유리한 증언으로 김경록의 인터뷰를 편집했는지 이해가 간다. 그것은 슈미트의 주장처럼 적들을 섬멸하고 승리하기 위해서다.

박근혜 정권 당시 유시민이라는 인물은 나에게 하나의 거대함으로 다가왔다. 그의 정치평론을 사랑했고, 그가 주장하는 정의에 공감했다. 하지만 그는 파국을 그리는 몽상가가 되어 돌아왔다. 왜 그는 김어준의 주장에 동의했을까? 비트겐슈타인을 좋아하는 탓일까? 나는 사람의 선택을 탓하기 이전에 그 사람이 왜 그런 선택을 하게 됐는지 알고자 먼저 그 사람이 처한 언어게임의 구조를 살펴보는 경향이 있다. 물론 그 이전에 유시민이라는 인물이 도덕적으로 저열하다는 생각을 하지 않았기 때문에 무슨 선한 의도라도 있기를 바라는 간절한 마음에서 고찰한 것이다. 그러면 의문을 던진다. 이 거대한 인물의 몰락에는 어떤 사회적 구조가 있었을까? 그리고 그전에 나는 조국사태 초반에 왜 조국이 법무부 장관이 되어야 한다고 여겼을까?

이 수수께끼가 풀렸던 것은 2020년 총선 당시 나눴던 친구와의 대화였다. 대화를 나눈 친구의 직업은 교회 전도사이며 정당적 성향이 나와 대립되는 친구였다. 나는 진보정당인 정의당에 투표를 하는 사람이었고 그 친구는 언제나 보수정당에 투표를 던졌다. 그래서일까? 나는 항상 그 친구가 분열증에 걸린 사람처럼 보였다. 하지만 내가 그를 그렇게 바라보는 이유는 너무나 숭고하다. 왜냐하면 그의 삶은 가난한 자에게 몸을 바치는 삶이기 때문이다. 그래서 가난한 이의 삶을 돌보는 이가 사회 기득권에 투표를 한다는 것은 마치 분열증처럼 보였다. 자본주의에서 패배한 이들을 위하는 이가 자본주의를 예찬하는 이들에게 투표를 한다니 맙소사! 나에게 이것은 커다란 의문이어서 친구와 항상 다퉜다.

정당이 일치하지 않으니 정당의 사건이 발생할 때마다 다툼이 발생하는 법, 2020년 총선을 단초로 다툼은 터졌고 그 친구와 다시 논쟁이 펼쳐졌다. 그 당시 나는 2020년 총선에서 어떤 결정을 해야 하는지 딜레마에 빠져있었다. 딜레마의 원인은 민주당 말고 보수정당을 찍자니 용납이 안 되는 것이었다. 이건 마치 교회에서 불경 외는 경우와 유사하달까? 하지만 생각보다 출구를 쉽게 찾았다. 내가 사는 지역구에 유승민계의 김웅 의원이 출마해서였다. 유승민이라는 인물은 박근혜 대통령 당시에 소신껏 박근혜 대통령을 비판하다가 수난을 받은 인물이기에 탄핵세력과 결이 다른 보수인 그를 지지하는 행위로부터 마음 편히 투표를 마친 듯했지만 여전히 나는 어안이 벙벙했다. 무슨 일이 일어난 것일까? 출구는 쉽게 찾았지만 여전히 스스로 자문하고 있었다. 그리고 그날 이 친구와 만났고 괜한 심술이 났다. 그리고 그 친구가 보수정당에 투표한 사실을 괜히 질타했다. 이 사건의 과정은 본문에 수록했으므로 그 챕터를 읽으면 나름 자세한 사정을 알게 될 것이다. 과정을 스킵하고 결과를 말하자면 그날 얻은 중요한 깨달음은 대의민주주의는 정당이 지닌 하나의 술어에 감정을 이입하여 정당이 지닌 그 밖에 모든 술어가 나에게 기입되는 정치제도라는 사실이다.

이 사실로 유추해보면 유시민이 왜 조국을 옹호했는지 알 수 있다. 대의민주주의는 역설적으로 다른 어떤 것보다 '하나'가 중요하다. 다시 말해 하나의 사안에 따라 다른 모든 중요한 사안이 부대사항으로 연동되어 결정될 수도 있는 정치제도다. 그 당시 유시민은 이렇게 생각하지 않았을까 싶다. 조국 사태로 인해 다른 모든 정책들이 제동이 걸릴지 모른다고 말이다. 그래서 그가 조국을 지킨 이유는 조국 사태로 인하여 남북대화, 공공주택 설립, 공공재정 확대, 차별금지법, 연동형 비례대표제 등등 진보의 모든 정책이 조국사태라는 하나의 사안에 의해 정지되는 파국적 결과를 막고자 한 언동들이었다고 유추한다. 실제로 조국사태로 인해 정권이 넘어가는 순간 진보의 정책들은 다 정지된다. 그런 의미에서 난 유시민이 조국을 옹호했다고 생각한다. 대의민주주의에서는 하나가 무너지는 순간 내가 동의하지 않는 법들이 나에게 박힌다. 예를 들어, 남북대화와 무관한 최순실 게이트가 터져 보수정당이 몰락하는 순간 대한민국은 최순실 사태와 무관한 남북대화가 시작됐다. 최순실 게이트는 남북평화 정책과 무슨 상관이 있을까? 실제로 조국사태가 터진 순간 내가 걱정했던 것들은 조국사태와는 무관한 민주당이 집행할 다른 정책들이었다.

대의민주주의에서 조국사태는, 남북대화를 하는 정당, 공공재정 확대하는 정당, 페미니즘을 도입하는 정당, 공공주택을 활성화하는 정당, 검찰개혁을 하는 정당, 연동형 비례대표제를 하는 정당 등 여러 정책들이 정당이라는 이름하에 연동되어 움직인다. 그들은 여러 술어들을 장악한 거대한 몸체다. 다시 말해 대의민주주의는 조국사태를 단순히 조국사태로써만 볼 수 없게 만드는 제도인 것이다. 그래서 역설적으로 대의민주주의는 '하나'의 사안만 중요한 정치제도다. 그리고 이것을 통해 우리를 길들인다. 왜냐하면 역으로 우리는 여러 사안들 중 결정적인 하나의 술어만 보고 충족해야 하는 강제적 구조에 처해있기 때문이다. 그러면 우리는 조국사태를 조국사태로만 봐야 할 정치제도를 구성해야 하지 않을까? 내 글은 여기서 출발한다.

독자들에게 전하는 사안은 조국사태를 조국사태로만 보기 위해서는 새로운 정치제도가 필요하다는 것이다. 다시 말해 현재의 정치제도는 남북대화는 남북대화로만, 페미니즘은 페미니즘으로만, 공공주택 확대는 공공주택 확대로만 공무원 확대는 공무원 확대로만 볼 수 있는 정치제도가 아니라는 것이다. 그리고 나는 이 사실에서 대의민주주의가 민중을 길들인다고 생각한다. 정당은 하나의 술어로 다른 모든 술어들을 연동시키는 하나의 몸체로서 내가 동의하지 않는 여러 법들과 행정명령도 현실의 법으로 제정한다. 그래서 하나의 사안은 하나의 사안으로써만 볼 수 있어야 한다고 생각한다.

그러면 하나의 사안을 독립적으로 바라보는 정치체제란 무엇일까? 하나의 사안은 하나로써 볼 수 있다는 사실은 비트겐슈타인이 말하는 '모세는 없다'로 이어진다. 모세가 없는 정치구조란 무엇일까? 철학자 김상환이 이 정치구조를 명료하게 정리했다.

> "시대는 바야흐로 이념적인 문제를 버리고 사적인 삶의 문제를 공론장으로 끌어들이는 개인들로 채워지기 시작했다는 것이다. 오늘의 공적 주체는 삶 자체의 정치적 구호의 초점을 맞춘다는 것이 오늘의 현실이라는 것이다. (…)
>
> 군룡은 여러 가지 용이 무리를 이루고 있는 상태를 말한다. 물속에 잠겨 있는 잠룡, 끝까지 높이 오른 항룡이 하나의 무리를 이룬다는 것인데, 이 용의 무리에 대해 본문은 이렇게 풀이한다. '여러 마리 용이 나타났으되 우두머리가 없으면 길할 것이다.'"

김상환, 「선거철 단상」

조국사태 당시 정의당은 민주당과의 거래를 통해 연동형 비례대표제를 도입하려고 시도했다. 그래서 아무 상관이 없는 연동형 비례대표제도와 조국사태는 하나의 몸체로서 연동되어 기능했다. 이것은 철학자 김상환의 주장과는 반대로 하나의 머리에 여러 가지 군룡이 하나의 무리를 이룬 모양이다. 하지만 이와 반대로 우두머리 없는 군룡들의 모습은 조국사태와 연동형 비례대표제도를 분리된 형식으로 제시한다. 그것은 우두머리 없는 사적인 개인들의 삶이 공론장으로 침투하는 삶, 이것은 정당이라는 술어들의 다발을 해체하고 정당의 정치활동을 정지시키는 형식이다. 그리고 사적인 삶들은 우두머리가 사라진 상태로 규칙을 제정해 예외를 창출한다. 그리고 그들은 우두머리 없이 모든 법과 행정사안들이 각각 연동되지 않고 비대칭적으로 하나하나 의결되고 각기 집행되어 세계로 표현된 타자에 의해 개인은 심판받아 정지할 곳을 알 것이다. 그리고 이것은 삼권분립이라는 바깥, 바깥의 예외상태를 요청한 공간에서 이뤄진다. 다시 말해 이 예외상태가 현실에 구현되기 위해서는 삼권분립으로부터 독립된 새로운 장소가 필요하다. 즉 정당이라는 술어생산자를 넘어 사적인 자들이 법을 발의하고 행정명령을 하여 삼권분립이라는 고정항과는 무관한 민중들이 자체의결권을 지니려면 이들과는 독립된 법적장소를 지녀야 한다. 이것은 본문에서 가라타니 고진 선생의 NAM의 원리에 빗대어 고찰할 것이다. 삼권분립에서 독립되어 독자적으로 법의 생산과 소비를 할 수 있는 공동체는 사회를 아나키즘으로 이끌 것이다. 그리고 나는 이것을 요청한다.

1장 서사의 몰락

대답

"다음과 같은 이야기가 전해지고 있다. 빠촘킨은 거의 정기적으로 재발되어 때로는 좀 길게 때로는 좀 짧게 계속되는 우울증을 앓았다. 그럴 때에는 아무도 그에게 접근하면 안 됐고 그의 방을 출입하는 일도 엄격하게 금지되었다. 궁정에서는 아무도 빠촘킨의 우울증에 대해 이야기하지 않았으며, 특히 사람들은 그것에 대해 넌지시 이야기만 해도 카타리나 여왕의 노여움을 사게 된다는 것을 알고 있었다. 그런데 한번은 빠촘킨 재상의 우울증이 이례적으로 오래 계속된 적이 있었다. 그 결과 심각한 폐단들이 생겨나게 되었다. 서류함에는 서류들이 쌓였다. 그런데 여왕이 처리하도록 요구한 그 서류들은 빠촘킨의 서명이 없으면 처리될 수 없는 것들이었다. 고관들은 도무지 어찌해야 좋을지 몰랐다. 그때 우연히 슈발킨이라고 불리는 하급 서기관이 재상의 관방으로 통하는 대기실에 들어오게 되었는데, 거기서 추밀원 고문관들이 여느 때처럼 탄식과 불평을 늘어놓으면서 회의를 하고 있었다. '각하 무슨 일이옵니까? 제가 도와드릴 일이 있습니까?'라고 이 충직한 슈발킨이 물었다. 그들은 그에게 사정을 설명하고 유감스럽게도 그가 도와줄 수 없는 성질의 일이라고 말했다. 그러자 슈발킨은 다음과 같이 대답했다. '그 정도의 일이라면 저에게 그 서류들을 제발 맡겨 주십시오.'라고 간청하였다. 잃어버릴 것이 아무것도 없다고 생각한 고문관들은 드디어 거기에 동의하게 되었고, 그리하여 슈발킨은 서류뭉치를 팔에 끼고서 회랑과 복도를 지나 빠촘킨의 침실로 걸어갔다. 그는 노크도 하지 않고, 또 조금도 머뭇거리지 않고 곧장 방문의 손잡이를 돌렸다. 문은 잠겨 있지 않았다. 빠촘킨은 닳아 해어진 잠옷을 입고서 어두컴컴한 침대 위에서 손톱을 씹으면서 앉아있었다. 슈발킨은 성큼 책상 쪽으로 다가가서 펜을 잉크에 담갔다가 한마디 말도 없이 그 펜을 빠촘킨의 손에 쥐어주었다. 그리고 첫 번째 서류를 그의 무릎 위에 들이밀었다. 한참 동안 뜻밖의 침입자를 넋 나간 시선으로 쳐다본 뒤 빠촘킨은 마치 잠결에서처럼 그 서류에 서명을 하기 시작했다. 그리고 두 번째 서류에도 서명을 했고 계속해서 나머지 서류에도 서명을 했다. 마지막 서류까지 서명이 끝나자 슈발킨은 그가 들어왔을 때처럼 아무런 거리낌 없이 서류뭉치를 팔에 끼고서 그 방을 나왔다. 그는 의기양양하게 서류들을 흔들어 보이면서 관방의 대기실로 들어왔다.

그를 보자 고문관들은 그에게 달려들어 그의 손에서 서류들을 빼앗아 갔다. 그들은 숨을 죽이며 그것들을 내려 보았다. 아무도 말이 없었다. 그들은 마비된 것처럼 보였다. 그러자 슈발킨은 다가와서 그들이 당황해하는 이유를 물었다. 이 순간 그의 시선도 서명란에 멈추었다. 모든 서류들이 한결같이 슈발킨, 슈발킨, 슈발킨…이라고 서명되어 있었다."

프란츠 카프카, 「빠춈킨」

카프카의 단편에서 빠춈킨이 우울증이 지속되는 동안 서류함이 쌓이는 묘사를 볼 수 있다. 대통령 선거 5년, 시장, 도지사 선거 4년, 국회의원 선거 4년의 시차처럼 마치 카프카의 단편은 대의민주주의에서 무언가 바꾸기 위해서는 다음과 같은 시차들이 필요하다는 것을 의미하는 듯하다. 우리는 '잘못된 것은 즉시 바꿔라!'는 가장 기본적인 명제가 지켜지지 않는 이상한 규칙이 일상에서 통용되는 세상을 살아가고 있다. 5년 혹은 4년이 지나기 전에는 사회규칙을 형성하는 입법기관 혹은 행정기관에서 민중은 완전히 배제된다. 다시 말해 잘못된 입법 혹은 행정이 도입되는 순간, 거절권은 민중에게 즉자적으로 존재하지 않는다. 하물며 4년 혹은 5년 후에도 돌아오는 것은 입법 개정이 아니라 정당교체다. 그리고 거기에는 대의민주주의 하의 정당에서 'OO당은 XX당을 반대하는 정당이다'라는 요상한 술어로 인해 탄생하

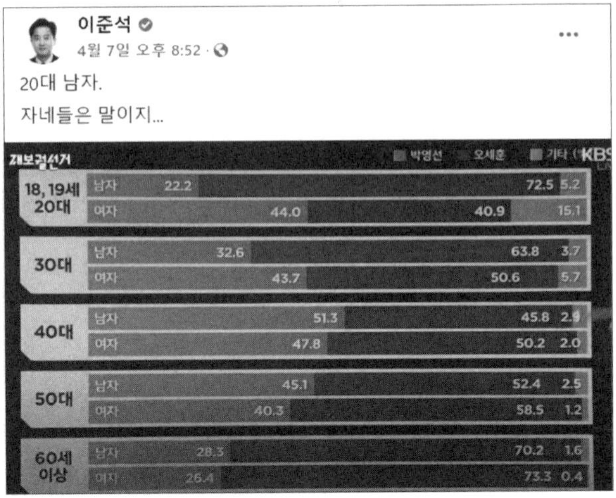

는 '정권심판'이라는 구호가 있어서 우리는 그것에 투표한다. 정당들은 '집권당이 잘못한 것을 고치지 않고 방기하는 순간 독재로 향합니다.'라고 하면서 매번 투표를 독촉한다. 이것은 필경 맞는 말이다. 민주주의는 투표로 인한 정권교체로부터 지켜진다. 하지만 신기한 점이 있다. 2021년 보궐선거는 분명히 성추행으로 시작된 선거였음에도, 오세훈 시장은 페미니스트들의 질의서에 답변을 거부했다. 그리고 이준석 선거캠프 뉴미디어 본부장은 20대 남성들의 승리를 페이스북에서 예찬한다. 이 선거에서 페미니즘은 어딘가 저편으로 사라졌다. 대의민주주의에서 선거란 무엇인가를 근본적으로 질의해봐야 할 시점이 왔다. 페미니스트들이 승리해야 할 선거에서 마초들이 승리한 선거, 승리의 이름을 적은 것은 남성이었다.

잘못된 것은 즉각 바꾸지도 못할망정 해결해야 할 문제가 전혀 이상한 방향으로 흘러 남성들이 승리한 선거에서 대의민주주의는 문제를 해결하기 위해 존재하는 규칙일까? 대의민주주의는 박원순, 오거돈이 제기한 문제에 올바른 답변을 한 것일까? 대의민주주의에게 답변을 요구했지만 그는 남성이라고 서명했다. 우리는 무엇에 투표했을까?

신화

2021년 4월 7일, 서울과 부산지역 보궐선거가 막을 내렸다. 결과는 보수정당인 국민의 힘의 압승이었다. 이번 선거에서 나는 전직 시장들의 성추행 사건으로 발생한 사건이라 페미니스트 후보에게 표를 던졌다. 하지만 나는 더 이상 선거에 아무 의미를 두지 않는다. 왜냐하면 2017년 새로운 시대가 열릴 것이라고 환호했던 촛불의 기억은 그저 몽상에 불과했다는 것을 깨달았고, 촛불혁명이란 그저 지배그룹의 교체라는 것을 확인했기 때문이다. 그래서 내가 던지는 표가 생표(生票)든 사표(死票)든 그것은 아무 상관이 없다. 헛된 것일지언정 그래도 이번 선거는 재미난 측면이 있다. 그것은 이명박 키즈들의 귀환, 10년 동안 정치무대에서 퇴출당했던 이명박의 후예들의 귀환이었다. 오세훈은 서울시장으로, 박형준은 부산시장으로 말이다.

투표 직전에 친구들과 모여 이번 서울시장 선거에서 누구를 뽑을지에 관한 토론이 진행되었다. 그곳에서 내가 성추행으로 벌어진 사건이니 페미니스트 후보에게 한 표 주겠다고 말했더니 갑자기 1대 3의 상황이 벌어져 1의 입장에 선 나는 엄청난 맹폭을 받았다. 딱히 페미니스트는 아니지만 나름 페미니스트 입장에 서서 공격과 방어를 주고받았는데, 토론이라는 것이 생각보다 주제에서 벗어나 이런저런 잡다한 이야기가 주고받기 마련이라 여러 이야기가 나왔다. 논박이 오가던 중에 내 가장 절친한 친구가 오세훈을 뽑았다면서 덧붙인 말이 흥미로웠다. 그 친구는 오세훈 시절이 그나마 가장 좋았다면서 첨언하기를 부동산 정책도 가장 안정되고 집값도 나쁘지 않았냐고 반문하면서 자신이 뽑은 당위성을 내세웠다. 이 말을 듣고 문득 우리는 다시 이명박의 신화화를 시작하는 것이 아닐까 하는 생각이 문득 떠올랐다. 다시 말해 지난 보수정권의 실패를 바라보면서 민중이 다시 노무현을 복원했듯이, 다시 이명박을 복원하는 것이 아닐까 하는 의구심이 솟구친 것이다. 물론 난 노무현을 아주 좋아하는 사람이다. 그만큼 위대한 인물도 없다는 것이 나의 평가다. 하지만 부동산 정책 실패로 인하여 부동산 가격을 기하급수적으로 올렸던 것도 노무현이 아니었던가. 그리고 우리는 그를 복원해 다시 집값이 기하급수적으로 오르는 것을 목도하고 있다. 우리는 부동산 정책 실패를 했던 노무현을 잊고 신화화해서 그를 현세에 문재인이라는 이름으로 다시 복원했듯이, 다시 용산 참사와 세월호를 잊고 이명박을 신화화할 준비를 하고 있다. 뉴타운 건설을 위해 농성하는 시민을 죽였고, 선박 규제 완화를 통해 세월호 사건의 원인을 제공했던 이명박을 말이다. 그렇게 다시 우리는 용산 참사와 세월호를 준비하고 있다. 마치 문재인 정부에서 벌어지고 있는 부동산 가격 상승처럼.

전략

"군주는 사자의 심장(용맹)과 여우의 두뇌(간교)를 갖고 있어야 한다."

마키아벨리, 『군주론』

참으로 젠더 갈등이 심란한 시대다. 페미니스트가 아닌 나도 이토록 남자들에게 공격받을 때면 페미니스트들은 얼마나 공격받을까라는 생각이 절로 드는 세상이니 말이다. 하지만 페미니스트들이 나에게 왜 페미니스트가 아니냐고 물어보면 뭐라 답할까. 내가 남자이기 때문이라고 답할까. 실제로는 그럴지도 모른다. 하지만 형식적으로는 페미니즘은 유치해서라고 상대 눈치를 엄청 보면서 대답할 것이다. 그래서 나는 페미니스트는 아니지만 주변 남자지인들과 어울릴 때면 페미니스트라고 공격당할 때가 있어서 엄청 당혹스러운데, 그때마다 속으로 그들이 유치한 마초들이라고 생각하면서 원론적인 답변만 한다. 국회의원 정수와 사회 고위층들의 성비 분포가 9대 1은 좀 심하지 않냐고 되물으면서 이 판세에 역차별이라는 것은 성립 불가인 논거라고 그들의 주장을 무화시키면서 말이다.

그렇다고 내가 페미니스트에게 불만이 없을까? 분명히 있다. 페미니스트들이 내놓은 사회적 문제들에서 자신들의 관점만 포함된 해결책을 제시한다고 느껴질 때 그렇다. 특히 낙태죄 담론에선 이 불만이 가장 크게 느껴지는데, 그들은 낙태죄를 논할 때 폐지 근거로 태아란 '세포'이며 여성 몸 안에 거주하는 태아라는 세포를 제거하는 것은 '여성의 권리'라고 말한다. 이 주장을 들을 때면 이들에게 타자란 존재하는가에 의구심이 든다. 왜냐하면 이들의 담론에는 여성을 위한 것 말고는 그 무엇도 고려하지 않는 듯이 느껴지기 때문이다. 또한 태아를 세포라고 주장할 때는 생명의 범위를 자신들이 딱 잘라 정하는 모습을 보는듯해 마치 조르조 아감벤의 호모 사케르 즉 정치권력이 '살해 가능한 생명'을 정의하는 모습과 유비된다.

> "그것은 이미 칸트의 행복주의 비판에 포함되어 있습니다. 자유롭기 위해서는 동시에 미래의 인간, 지금 여기에 존재하지 않는 인간을 자유롭게 해야 합니다. 설사 살고 있는 자들 사이에 공공적 합의가 성립했다고 하더라도 그것이 반드시 윤리적으로 옳다고 말할 수 없는 것은 왜일까요. 우리의 '행복'이 미

래의 타자를 그저 수단으로서만 대하고 목적(자유)으로서 대하지 않음으로써 획득하는 것이라면, 그것은 윤리적이지 않기 때문입니다."

가라타니 고진, 『윤리21』

가라타니 고진은 윤리적 행위에서 미래의 타자를 찾는다. 그리고 이것은 낙태 문제에서도 적용된다고 생각한다. 왜냐하면 태아는 분명히 출산으로 이어지는 미래의 타자이기 때문이다. 그리고 이들의 절반은 남자다. 그러면 낙태를 '여성의 권리'라고만 주장하며 성사시킬 수 있을까? 나는 의문이 든다.

"어떤 새로운 관점에 도달할 때, 우리는 과거를 다시 보게 됩니다. 그것은 사자(死者)의 관계가 변하는 것이라고 말할 수 있습니다. 물론 그 경우 사자가 변하는 것이 아니라 우리가 변합니다. 아니 그보다는 사자 자체가 비로소 우리 앞에 나오게 되는 것입니다. 그것은 우리가 무시하고 억압하던 '타자'가 존재하기 시작한다는 말이기도 합니다."

가라타니 고진, 『윤리21』

현시대에 드디어 여자가 타자로 존재하기 시작하는 중이다. 다시 말해, 여성의 눈에 비친 남자들이 여성을 억압하는 역사가 역사의 무대로 떠오르는 중이다. 그리고 그들의 출현으로 수많은 마초들이 그들을 질타하는 시대를 살아가는 중이다. 대표적인 케이스로 마초들은 '여자도 군대 가라'는 표어로 페미니스트들을 질타한다. 그들의 말을 걸러 들을 필요가 있는 것은 분명한 사실이지만 굳이 '남자도 애 낳아라'는 식의 반론으로 똑같이 잘못된 주장을 할 필요가 있을까 싶다. 분명히 평등의 지향점에 선 순간 여성들도 이 문제에 관해 고찰하는 순간이 올 텐데 말이다. 다시 말해 같이 복무할 것인지, 아니면 모병제로 전환할 것인지를 말이다. 즉 여성들도 남성이라는 타자를 바라보는 시각을 지녀야 할 때가 올 것이며 그것은 그들 또한 단순히 '여성의 권리'라는 표현을 넘어 남성들과 함께 문제에 참여해 해결해야 하는 순간을 맞이할 것이라는 말이다. 페미니즘은 언젠가 단순히 여성을 넘어 타자에 대해 고찰할 학문으로 발전해야 할 것이다. 그리고 이것은 미래의 타자로까지 확장해야 할 것이다.

타자에게 참여하는 담론은 생각보다 거대한 효과를 지닌다. 타자가 자신에게 박힌다는 것은 생각보다 거대한 자신을 산출한다. 그리고 역사적으로 시간의 흐름을 견딘 보편적인 윤리는 타자성을 확보했다. 대표적으로 기독교 역사를 보면 기독교는 유대교의 구약에서 신약으로 전환을 준비한다. 그리고 담론의 중심은 신에서 인간으로 무엇보다도 억압받는 타자를 향해 이동한다. 이것은 타자성의 획득이다. 타자성의 획득으로 발생하는 윤리적 정당성은 타자를 향한 공격성 또는 자신의 권리 수호를 통해 발생하는 것이 아닌 타자를 위한 희생 그리고 타자의 권리 수호로부터 발생한다.

> "그가 찔림은 우리의 허물 때문이요 그가 상함은 우리의 죄악 때문이라 그가 징계를 받으므로 우리는 평화를 누리고 그가 채찍에 맞으므로 우리는 나음을 받았도다."
>
> 「이사야서」 53장

기독교는 신약의 시대를 준비하면서 신의 방향을 타자로 전환했다. 오히려 신이 숨 쉬고 어울렸던 장소는 가난한 자, 병든 자, 박해받는 자 들이 있는 곳이었다. 그는 신의 장소에서 담론을 전개하지 않았다. 가난한 자들, 병든 자들, 박해받는 자들 속에서 위치하며 그들을 위한 담론을 전개했다. 2000년의 시간을 견뎌내며 여전히 유효한 예수의 가르침의 기원은 여기에 있지 않을까 싶다. 자신이 아닌 억압받는 타인을 위하여 살아간 곳에서 말이다. 그러나 역설적으로 자신에 대한 신앙은 그들에게서 활짝 피어났다.

그저 페미니스트들에게 단순히 하나 첨언하고 싶다. 속물적인 방식이라도 말이다.

> "주는 것이 도리어 받는 것임을 아는 것이 정치의 보배다."
>
> 관중, 『관자』

해리포터

"현대적인 남녀의 원형을 창조한 것은 이미 예전처럼 예술이 아니라 의류장사다. 사람들은 마네킹을 모방하며 영혼은 육체의 이미지가 된다."

앙리 폴레르, 『상업예술』

위의 말은 발터 벤야민이 『아케이드 프로젝트』에서 인용한 말이다. 이 말은 즉 현대인들의 영혼을 느끼는 부분은 의류이며 다시 말해 그것은 현대인의 영혼이 무기질화 되었다는 것이리라. 그래서 그는 '무기물적인 것에서 섹스어필을 느끼는 물신숭배야말로 패션의 핵이다'라며 현대인이 상품 취향에서 자아를 찾는 행동에 가차 없는 비판을 가한다. 이 이야기들을 듣다 보면 현대인의 영혼은 마치 볼드모트가 자신의 영혼을 조각내 호크룩스를 만들 듯이 이와 유사한 분열된 영혼체계를 지닌 듯하다. 25살의 아이유가 자신에 대해 알게 된 연유가 핫핑크Hot pink보다는 진

혜려휘, 〈adolf Se'lavy〉

혜려휘, 〈Vissarionovich Se'lavy〉

한 보라색을, 단추 있는 파자마, 립스틱, 단발머리 등 조금 촌스러운 스타일들을 좋아한다고 고백한 것에서 자아를 고찰한 점을 보면 말이다. 다시 말해 무기물적인 상품들은 현대적인 남녀의 원형을 창조한 것을 넘어서 현대인의 영혼마저도 구성한다. 영혼은 진한 보라색, 단추 있는 파자마, 립스틱, 단발머리 등 여러 가지 무기물로 조각난다. 즉 현대인의 영혼은 물화된 호크룩스들이다. 재미난 일은 볼드모트가 자신의 영혼을 심어놓아 만든 호크룩스들을 부수는 건 움직이는 호크룩스라는 사실이다.

시대적 한계

과거 조선시대에는 '선생'이라는 칭호의 가치를 설명할 때 영의정 셋이 나온 가문이 대제학 하나 나온 가문과 맞먹고 대제학 셋은 선생 하나 나온 가문과 맞먹는다고 설명한다. 이 사실을 어렸을 적 본 어느 역사만화를 통해 알게 된 이후로 존경하는 사람에게는 선생이라는 칭호를 쓴다. 문제는 적용대상이 애매할 때가 문제다. 어떤 분에게는 쓸까 말까 고민될 때가 있다. 철학자 진중권이 대표적이다.

나는 철학자 이정우와 더불어 그에게 감사할 정도로 그가 인터넷에 업로드 한 동영상들과 또한 인터넷에 기고한 글들을 보며 많은 것을 배웠다. 미디어 아티스트 백남준이 1984년에 〈굿모닝 미스터 오웰〉을 출품한 이후, 그의 예언처럼 인터넷이 발명되고, 모든 개인은 자신이 동영상을 직접 만들어 방송사를 거치지 않고 네트워크에 직접 송출하게 되었다. 그로 인해 학교라는 지식 공간은 네트워크 공간으로 해체되었다. 누구나 인터넷에 접속해서 지식을 검색하는 것만으로도 지식을 쉽게 접할 수 있게 됐는데, 문제는 네트워크에서 지식을 채취하기 위해서는 구시대의 지식인들 스스로가 네트워크에 자신의 지식을 네트워크에 업로드해야 가능하다. 그래서 자신의 지식과 이론들을 네트워크에 업로드해준 이 두 분께는 감사함을 지니고 있다. 그러나 철학자 진중권에게 선생이라는 칭호를 붙이기 애매한 이유는 프랜시스 후쿠야마가 주창한 '역사의 종언' 이후 세대의 지식인이라서 그런 것 같다. 프랜시스 후쿠야마는 자신의 저서 『역사의 종언』에서 사회주의와 자유주의의 대결에서 자유주의가 승리하면서 역사는 자유주의의 승리로 더 이상 역사의 진보는 없고 역사는 종언했다고 선언했다. 그의 주장이 많은 이들의 비웃음을 샀다고 하지만 실제로 자유민주주의 체제를 넘어서는 이론은 현재로서 부재하다. 그리고 철학자 진중권 역시 역사의 종언 이후의 지식인이라 생각한다.

진중권은 워낙 유명했던 인물이라 그냥 정치평론가로만 생각했었는데, 본래의 직업인 미학자로서 그를 알게 된 연유는 유튜브에 업로드된 마르셀 뒤샹의 작품 〈샘〉에 관한 강의를 들었을 때부터였다. 현대미술은 마르셀 뒤샹이라고 해도 과언이 아닐 정도의 위대한 예술가 마르셀 뒤샹을 철학자 진중권을 통해 알게 된 후 내 삶에서 지식의 전회가 일어났다 해도 과언이 아닐 정도로 나에게 큰 영향을 미쳤다. 하지만 조국사태 이후 그가 최장집의 주장을 언급하는 모습에서 약간의 괴리감이 느껴지기 시작했었다. 그는 모든 문제를 대의민주주의 틀 안에서 보고 있다. 과거 최장집 교수가 참여정부 시절을 평가하면서 한 주장 '참여정부는 실패했으니 보수에게 권력을 넘겨주어야 한다'는 주장과 동일시되는 주장을 이제 그가 되풀이하고 있는 것이었다. 그 주장을 들으면서 생각하기를 그러면 '이명박-박근혜 정부는 달랐나 하는 의문이 바로 내 뇌리를 스쳤다. 그리고 그가 동유럽 사회주의가 망한 사건을 언급하면서 이 의문이 풀렸다. 아마 NL계열의 정치인들을 비판하는 맥락에서 나왔던 말일 것이다.

> "동유럽 사회주의가 망하면서 나는 사회주의가 환상이었음을 깨달았거든. 물론 사회주의가 지닌 이상은 소중히 여겨야 하지만."

이 발언을 통해 철학자 진중권은 프랜시스 후쿠야마가 주장한 역사의 종언 이후의 사상가임이 명백해졌다. 그는 프랜시스 후쿠야마처럼 철저한 대의민주주의자이자 자유민주주의자다. 물론 그의 입장에 대해 무한한 존경을 받고 있다. 대안 없이 현실의 모든 체계가 나쁘다고 말하면서 개인에게 책임을 지우는 지식인들보다는 훨씬 사려 깊고 신중한 지식인이니까. 그렇지만 그에게서 가장 좋아하면서도 싫어하는 헤겔의 격언이 떠오르는 것은 어쩔 수 없는 일이다.

"존재하는 것을 개념에 따라 파악하는 것이 철학의 과제다. 왜냐하면 존재하는 것이 곧 이성이기 때문이다. 개인에 관해서 이야기한다면 모든 개인은 더 말할 것도 없이 자기 시대의 아들(ein Sohn seiner Zeit)이다. 철학도 마찬가지여서, 자신의 시대를 사상으로 포착한 것이 철학이다(soist auch die Philosophie ihre Zeit in Gedanken erfasst). 어떤 철학이 그가 처해 있는 현실의 세계를 뛰어넘는다고 생각한다면 이는 한 개인이 그의 시대를, 즉 로도스섬을 뛰어넘어 밖으로 나간다는 망상을 하는 것과 마찬가지로 어리석은 생각이다. 그 개인의 이론이 실제로 자신의 시대를 뛰어넘어 마땅히 있어야만 할 세계를 건립한다면 그 있어야만 할 세계는 물론 존재하겠지만, 그것은 그의 생각 속에만 있을 뿐이다—즉 그것은 무엇이라도 임의로 상상해 낼 수 있는 취약한 지반 위에 존재할 뿐이다."

헤겔, 『법철학』

김어준이라는 무라카미 하루키의 나비효과

가라타니 고진은 이제 사람들이 무라카미 하루키를 읽는다면서 근대문학의 종언을 고한 바 있다. 그 이유는 바로 하루키의 문학이 '무책임의 체계' 내면에 타자가 존재하지 않는 '초월론적 자기'로 전도된 문학이며 그로 인해 문학 자체가 하루키적으로 전도됐다는 것이다. 이것이 근대문학의 종언이라면 똑같은 이유로 근대정치의 종언을 말할 수도 있지 않을까? 왜냐하면 현대인들은 음모론자 김어준을 들으며 정치적 사안을 판단하기 때문이다. 음모론이란 무엇인가? 타인의 반박은 신경 쓰지 않으면서 논리를 구성하는 '초월론적 자기'의 내면의 소유자가 주장하며, 내면에 타자가 존재하지 않으니 당연히 '무책임'할 수밖에 없는 이론이지 않는가? 그가 주장한 음모론은 너무 많아서 무엇 하나 고르기도 힘든 수준이다. 그리고 실제로 모든 민주당 정치인들이 김어준이 진행하는 방송을 찾아와 유세한다. 진보층만이 아니다. 보수층마저도 유튜브에서 활동하는 우익 유튜버들의 음모론을 들으며 정치적 사안을 판단한다. 2020년 4·15총선 개표 결과를 조작해 더불어 민주당이 부정선거를 저질렀다는 음모론을 펼치는 우파 유튜버들과 그것에 세뇌당한 자유한국당 지지자들에게 보수정치인들이 끌려 다닌 일도 있으니 말이다.

그렇다면 내가 주장하는 근대정치의 종언을 가라타니 고진의 근대문학의 종언과 비교해서 살펴보자.

가라타니 고진은 문학의 장에 무라카미 하루키가 등장하면서 사실상 근대문학이 종언을 고했다고 주장한다. 그러면서 그는 오에 겐자부로의 문학과 무라카미 하루키의 문학을 비교하면서 자기 주장의 타당성을 내비친다. 또한 가라타니 고진은 두 작가의 비교와 함께 근대문학이 공동체 안에서 역할을 잃고 종언을 맞았다고 한다. 다시 말해 문학은 공동체에서 윤리적 기능을 잃었으며, 타자와 관계없이 형성되는 언어이자 타자와 단절된 형식의 언어로서 타자 없이 자신의 규칙만이 존재하는 타자와 단절된 공황 같은 언어게임이라는 것이다.

가라타니 고진은 오에 겐자부로의 소설『만엔 원년의 풋볼』을 분석하면서, 오에 겐자부로라는 작가가 어떻게 공동체에 참여하면서 개인적 자아의 내밀함을 드러내는지를 그리고 그렇게 함으로써 개인이 공동체 안의 타자들과 어떻게 언어적 교환을 하는지를 보여준다.

"그러나 주목해야 하는 것은 오에가 어디까지나 이런 사건(개체)으로부터 떠나 있지는 않다는 것이다. 확실히 그것은 끝없이 다른 의미를 가지고 어긋나고 있다. '1960년'이라는 특정 시점은 '만엔 원년(1860년)'과 겹치고, 또 '1945년'과 겹침으로 그 특정성(고유성)을 박탈당한다. 바꿔 말해, 오에는 특정한 시점(개체)을 지시하는 기호로서의 고유명을 배제한다. (…) 그러나 이 알레고리적 전이 속에 결코 해소되지 않는 고유한 지점이 있다. 일회적인 특이한 '역사'가 있다.

만엔 원년의 풋볼은 '1960년 6월'을 직접적으로 묘사한 소설이 아니며, 또 그것을 다른 장면에 설정한 우의소설도 아니다. 이 작품은 전자와 비교하면 시공의 특정성에서 벗어나 있다는 의미에서 우의적이지만, 후자와 비교하면 어디까지 고유한 시점을 고집하고 있다는 의미에서 리얼리즘적이다. 그러나 이런 양의성은 오에 겐자부로가 진정으로 고유명에 집착하고 있기 때문에 고유명을 거부한다는 것에서 온다. 그를 알레고리적인 작가라고 부르는 것은 오직 이런 의미에서다.

앞에서도 말한 것처럼 만엔원년의 풋볼은 초역사적인 구조로 환원될 수 없는 고유한 시공간을 가지고 있다. 바로 '만엔 원년'이라는 고유명이 이 작품을 인류학적, 신화론적 구조에 맞서 '역사'와 굳게 연결시키는 역할을 하고 있다. 만약 그것이

'1860년'이라는 기호로 이야기되고 있었다면, 이 작품은 성립 하지 않을 것이다."

가라타니 고진, 『역사와 반복』

알레고리적 작가인 오에 겐자부로는 전체와 개체 사이에 존재한다. 그리고 개체란 타자들 사이에서 만들어진 언어문법을 사용하면서 자신을 표현한다. 개체란 타자와 나 사이에 있는 존재다. 다시 말해 타자가 만든 문법의 규칙을 통해 자신의 언어게임을 생산하는 개별적 자아란 타자와 나 사이, 중간 그 어딘가에 있는 존재다. 타자들 사이에 있는 오에 겐자부로는 그런 면에서 알레고리 작가다. 알레고리적 언어란 보편적인 것 속에서 특수한 것을 구하는 언어다. 그리고 알레고리는 특수한 것 안에서 보편적인 것을 보는 것과는 다른 언어형식이다. 즉 상징적 언어란 특수한 것을 생생하게 파악하면서 그와 동시에 자동적으로 보편적인 것을 획득하는 언어다. 그래서 상징의 언어는 특수한 체험 혹은 특수한 자기가 보편적 의미를 지닌다고 믿는다. 특수한 개별적 표현이, 자신도 모른 채 시대상황의 본질을 표현하고 있다는 상징의 언어는 마치, 애덤 스미스의 '보이지 않는 손'과 유사한 언어형식이다. 다시 말해 상징은 특수하고 개별적인 개인이 특수한 것을 위해 그것을 생생하게 파악하는 개인적 이기심의 경제활동이 저절로 공익에 부합한다는 스미스의 보이지 않는 손의 언어형식과 유사하다. 특수한 것 혹은 고유한 것 자체가 보편성 혹은 일반성을 지니고 있다는 것은 이미 개별적인 것 안에 보편적인 것이 속해있다는 의미다. 그래서 역설적으로 상징 속에서 고유명은 일반성 혹은 보편성 안에 들어가지 않는 개별적인 것은 내버려진다. 그러므로 상징의 언어란 특수한 것을 표현하면서도 실제로는 특수한 것을 억압한다. 왜냐하면 개별의 운동은 보이지 않는 손과 같은 상징적 언어에서 벗어나는 순간 내버려지기 때문이다. 여기서 가치의 전도가 일어난다. 개인의 의미보다 보이지 않는 손의 의미가 앞서는 것이다. 하지만 특수한 것을 표현하는 단독성이란 타자성을 지닌 개인들과의 관계로서 일반성이나 집합에 귀속될 수 없는 언어형식이다. 그런 의미에서 알레고리적 언어는 보편적인 것과 개별적 자아 사이에서 아슬아슬한 긴장관계를 이룬다. 다시 말해 알레고리적 언어에는 타자성이 존재한다. 선험적으로 존재하는 타자라는 보편성은 개체가 타자에게 참여하면서 자신을 드러내게 한다.『만엔 원년의 풋볼』에서 1960년은 만엔 원년(1860년)과 겹치고 1945년과도 겹치면서 그것의 고유성이 박탈된다. 그러나 알레고리적 전이 속에서 해소되지 않는 1960년의 일회적인 특이한 역사가 존재한다. 이것은 초역사적인 보편으로 환원될 수도 없으며, 온전한 개별적 자아의 고유명으로서도 환원될 수 없다. 그러므로 선험적으로 구성된 타자와 개별적 자아 사이의 한 점에서 고유명으로 표현되는 일회적 역사가 있다. 그것은 보편적이면서도 보편적이지 않으며, 특수하면서도 특수하지 않은 역사적 구조다. 다시 말해 알레고리란 보편적이면서도 특수한 양의성을 보이는 구조다. 그런 의미에서 1960년은 보편적인 것 속에서도 보편으로 귀속되지 않는 특이한 한 점으로서 역사적 의미를 가진다.

오에 겐자부로의 알레고리적 언어는 보편적인 역사적 상황 속에서 특수성을 드러낸다. 오에의 나는 특정한 개체이면서 타자에게로 비껴가는 중층적인 존재이며, 그래서 그는 고유명이면서 고유명이 아닌 존재다.

> "우리의 의문은 예를 들어 '생의 긍정', '생의 탕진'으로서 카니발적으로 나타나는 것이 하나같이 파시즘으로 전화하는 건 왜일까? 하는 것이다. 니체나 베르그송은 파시스트가 아니라고 해도 소용없다. 이제 순수한 카니발이 있을 수 없는 것처럼 순수한 '생의 철학'도 있을 수 없다. 그것은 일단 역사적 문맥에 존재하자마자 생각지도 않은 반전이나 치환을 강요당할 수밖에 없는 것이다."
>
> 가라타니 고진, 『역사와 반복』

고유명이 역사적 상황이라는 타자를 통해 비껴가지 않는다면 세계는 삽시간에 공황상태에 빠진다. 다시 말해 개인의 언어가 교환 불가능하고 오직 개인만 사용가능한 언어게임으로서 생의 긍정을 표출한다면 그것은 타자에게 억압기제로 작용하면서 복종을 강요하는 폭력의 언어로 기능을 전환한다. 즉 일방향적 언어형식만이 타자에게 강요된다면 언어게임은 공황에 빠진다. 그래서 일방향적 언어형식이 초래한 언어교환의 공황사태는 타자적인 것을 사라지게 한다. 이것이 근대문학의 종언을 고한 무라카미 하루키의 언어다. 하루키의 문학은 개별적인 규칙밖에 존재하지 않는 '자폐증'의 세계이며 또한 타자에게 팔리지 않는 언어형식이라 그의 문학은 타자를 '나'로서 실현하는 메시아적 시제가 사라진 문학이기도 하다.

가라타니 고진은 무라카미 하루키의 『1973년의 핀볼』을 분석하면서 오에 겐자부로의 알레고리적 언어로서의 고유명이 하루키의 소설에서는 결여되었다는 것을 지적한다. 그리고 그는 구니키다 돗포의 풍경으로서의 전이에서 근대문학의 위기의 징후를 발견한다.

> "그것이 처음으로 발견된 것은 아마 구니키다 돗포의 〈잊을 수 없는 사람들〉일 것이다. 여기서 주인공 오쓰는 가메야라는 여관에서 알게 된 아키야마라는 남자에게 '잊을 수 없는 사람들'에 대해 말한다. '잊을 수 없는 사람들'이란 잊어서는 안 되는 중요한 사람들을 말하는 것이 아니라, 무의미한 어떻게 되

는 상관이 없는 것임에도 불구하고 잊을 수 없는 사람이다. 그 것은 사람들보다도 '풍경'인 것이다. (…)

'아키야마'라는 이름이 거부당하고, 그저 풍경으로만 존재했던 무명의 '가메야의 주인'이 〈잊을 수 없는 사람들〉이 되었다는 것, 여기에 일종에 악의가 존재한다는 것에 주의해야 한다. (…) 풍경을 풍경으로서 발견하는 것은 역으로 외적인 풍경을 거부하는 '내적인 인간'인데 여기에 '근본적인 도착'이 숨어있다고 말이다. (…)

이런 자기의식은 결코 상처를 입지 않으며 패배도 하지 않는다. 그것은 경험적 자기나 대상을 경멸하고 있기 때문이다. 물론 이런 '내면'의 승리는 '투쟁'의 회피에 지나지 않는다. 나쓰메 소세키는 이런 회피를 인정하지 않았기 때문에 '근대문학'에 계속 위화감을 가졌던 것이다. 소세키가 고집했던 메이지 10년대의 패배와 피한정은 구니키다 돗포와 같은 아이러니에서 초월되어버린다. 모든 한정성이 '내면'에서 초월되기 때문이다. 주의해야 하는 것은 돗포에게서 그런 고유명을 가진 '역사'가 초월되어버린다는 것이다. 그곳에서 '풍경'이 등장한다."

가라타니 고진, 『역사와 반복』

구니기타 돗포가 발견한 풍경은 오직 자신만의 풍경이며 이것은 무의미한 풍경이다. 구니기타 돗포의 내면에서 '잊을 수 없는 사람'이란 어떤 익명의 존재, 고유명을 지닌 사람이 아닌 익명의 풍경이다. 구니기타 돗포의 잊을 수 없는 사람이 고유명을 지닌 존재가 아니라 고유명이 결여된 존재로, 다시 말해 풍경으로서 사람이 제시된다는 것은 자신의 내면에서 타자를 거부하면서 성립한다. 타자를 거부하는 언어게임은 교환이 불가능하다. 그로 인해 언어는 공황상태에 빠지게 되는데 이것은 역사적 상황의 도피로 나타난다.

이런 언어게임에서는 타자는 제거되며 언어의 생산과 소비는 '자기'가 독점한다. 다시 말해 잊을 수 없는 사람이 풍경으로 제시되는 언어는 생산과 소비 모두 개인에게로 초월되는 현상과 함께 타자와 언어를 교환하는 것 역시 불능에 빠진다. 즉 타자와 개별적 자아 사이의 긴장관계인 역사적 성좌가 내면에서 초월되어 버리는 사태가 벌어진다. 타자들과 교환 성립이 불가능한 언어게임을 만들어낸 개인은 초월적인 '자기'가 되며 초월적인 자아에서 거주하는 개인은 타자의 가치를 실현하는 메시아적인 '자기'가 사라진다. 개인의 내면적 풍경으로 전도된 초월적인 자기는 타자와의 관계에서 언어교환을 하는 긴장된 관계가 공황상태로 전환된 것이다. 타자의 가치를 실현하기 위한 적극적인 메시아적 '자기'는 타자에게도 사용가능한 언어를 창출하려는 적극적인 운동을 펼친다. 하지만 내면적 풍경의 전도로 인해 타자의 논리가 억압된 이 무한정하며 초월론적인 언어는 초월론적 자기 안에서 언어의 판매와 구매가 동시에 일어난다. 그것과 동시에 타인이 사용할 수 없는 언어규칙을 거부할 수 있는 타자로서의 '나'로 기능하는 타자도 이곳에선 사라진다. 초월적인 자아는 타자 없이 기능하는 언어게임이기에 모든 것이 초월론적인 자아에서 타자 없이 살아간다. 그곳은 타자가 사라지는 무의미한 세계다.

> "무라카미는 항상 특정 날짜 속에 작품을 위치시키고 있다. 그러나 그것은 역사의식의 표현이 아니라 그것의 공무화(空無化)를 노리는 것이다. 일견 그것은 그 날짜들을 공유하는 독자에게 노스탤지어적인 세대적 공감을 환기시키는 것처럼 보인다. 그러나 그렇지 않다. 이 날짜들은 완전히 사적이고 무의미한 것이다."

> "당신은 20살 무렵에 무엇을 했지?"
> "여자애들에 몰두했어." 1969년, 우리의 해.
> "그녀들과 어떻게 됐지?"
> "헤어졌어."

'1969년, 우리의 해'라는 표현이 일순 환기하는 것 같은 세대적 공간은 동시에 이 문맥에서 완전히 해체되고 있다. 물론 1969년이 학원투쟁의 시기였다는 것은 감추어지기는커녕 대부분 도발적일 정도로 빈번히 언급되고 있다. (…) 오에 겐자부로의 『만엔 원년의 풋볼』에서 특권적 시점인 '1960년대'는 다음과 같이 나온다.

스무 살의 나오코는 이 고장에 왔다. 1961년, 서력으로 말하면 그렇게 된다. 리키 넬슨이 〈헬로 마리 루〉를 부른 해다.

> "물론 무라카미 하루키는 '1960년'이 무엇을 의미하는지 잘 알고 있지만 무지한 척한다. 그것이 아이러니라는 말의 원초적인 의미다. 그리고 잊어서는 안 되는 중요한 것을 소거하고, 리키 넬슨의 〈헬로 마리루〉, 보비 비의 〈러버볼〉이라는 '잊을 수 없는' 풍경을 강조한다. 이런 고유명이 남용되는 것은 실은 고유명을 부정하기 위해서다."
>
> 가라타니 고진, 『역사와 반복』

보편적인 기억인 학원투쟁 시기를 리키 넬슨의 〈헬로 마리루〉로 치환하는 무라카미 하루키의 언어는 어떤 언어인가? 예를 들어, 이것을 한국의 상황으로 치환해서 설명해보자.

> "1980년 5월 그때 넌 무엇을 하고 있었니? 여자들과 한창 놀 때였어. 민박집에서 여자들과 술을 마시는데 광주에서 무슨 일이 일어났다는 뉴스와 말이야. 그리고 그중 한 여자랑 그 해

를 같이 보냈지. 그리고 그 해가 가기 전에 해어졌어. 그해 12월 8일 존 레논이 죽은 날이지. 그날 레코드점에서 들러 더블 환타지를 구매하고 그것을 들으면서 그 해를 마무리했지."

1980년의 광주 민주화 운동과 그 무렵 만났던 여인과 존 레논의 산발적 나열로 나타나는 1980년은 무엇을 의미할까? 무슨 의미가 있겠는가. 그것은 무의미다. 즉 1980년의 화자에게 광주와 사귀었던 여인과 존 레논은 아무 의미도 아니다. 1980년 광주의 기억을 풍경으로 전환하면서 그리고 동시에 자신이 사귀었던 여인, 또한 존 레논도 동시에 무의미에 빠진다. 이곳에서 타자는 아무 의미도 획득되지 않는다. 다시 말해 초월론적 자아 안에서 모든 의미를 획득하지만, 이것은 타자와 교환되지 않는 공황상태의 언어게임이다. 이곳에서 1980년의 광주라는 타자는 철저하게 방기된다. 이 언어게임에서 언어는 자기에게는 무한정하지만 타자에게는 한정적이다. 또한 자기의 내면에서 생산과 소비가 완료되는 언어이기에 역설적으로 자기도 사라진다. 다시 말해 역설적으로 타자의 거절이라는 공황이 사라진 언어는 어떤 세계라도 적응할 수 있는 초월론적 취향을 지닌다. 왜냐하면 광주 민주화 운동과 어느 이름 없는 여인과의 연애는 동일한 의미를 지니며 또한 광주의 죽음과 존 레논의 죽음은 동일시되는 세계이기 때문이다. 즉 자기가 만든 언어게임에서만 의미를 띄는 것은 다른 언어게임의 방기, 자신이 만든 언어만 의미 있는 세계, 무책임의 세계다.

광주와 어느 이름 없는 여인과 존 레논의 동일시는 어떤 것도 의미하지 않는 풍경이고, 여기서 고유명은 존재하지 않는다. 그러므로 오에의 알레고리적 문학이 아닌 하루키의 문학에서는 역사적 상황이 사라진다. 이것은 공황 없는 공황상태다. 그래서 모든 삶의 형식은 일치할 수 있지만, 모든 타자의 삶의 형식은 사라진다. 왜냐하면 어떤 것이든 등가적으로 나열되어 동일시되는 언어는 자기에게 모든 것이 의미 있지만 동시에 타자에게는 모든 것이 무의미로 빠지기 때문이다.

가라타니 고진은 타자라는 삶의 형식이 사라지고 자신만이 존재하는 하루키의 소설에서 등장하는 핀볼 머신 장치에 주목한다.

> "한편 핀볼은 결과에 있어 풋볼처럼 승자와 패자라는 비대칭관계를 만들어내는 것처럼 보인다. 그러나 머신이 승자라는 것은 이상하다. 플레이어가 패자라는 것도 이상하다. 승패는 사건이 되지 않는다(또 한명의 플레이어와 경기한다면 이야기는 달라진다). 어떤 의미에서 플레이어는 항상 지고 있다. 그러나 그것이 사건을 형성하는 것이 아니다. 플레이어는 그저 플레이하면 되기 때문이다. 그들은 그저 이 기계의 규칙 속에서 활동할 뿐이고, 그 규칙을 어느 정도 (신체적으로) 습득하고 있는지가 시험될 뿐이다.

이 핀볼 비유로 무라카미가 말하고 싶은 것은 역사가 구조(규칙체계)에 의해 만들어진 사건일 뿐만 아니라, 이제 역사는 존재하지 않는다는 것이다. (…)

확실히 이 게임에서 일반적인 의미의 에고 확대나 자기표현은 부정된다. 왜냐하면 플레이어는 단지 규칙을 따를 뿐이고, 성적이 오른다고 해도 그것은 '자기발전'이 아니기 때문이다. 그러나 이 게임은 한 사람에 의해 이루어지고, 또 그 세계는 그에 의해서만 존재한다. 세계는 이 게임을 하고 있는 플레이어의 자의에 의존한다. 플레이어, 즉 초월론적 주관이야말로 이 게임을 가능하게 하는 주체인 것이다."

가라타니 고진, 『역사와 반복』

서로 간의 삶의 형식이 떠오른다는 것은 타자에 의해 언어게임의 규칙이 언제든지 바뀔 수 있음을 의미한다. 하지만 핀볼 머신과의 게임에서는 규칙이 바뀌는가. 플레이어는 머신의 규칙을 따를 뿐이고 그것을 습득할 뿐이다. 역설적으로 타자성이 사라지는 순간, 자신의 삶의 형식마저도 사라진다. 다시 말해 타자의 삶의 형식을 제거한 오로지 개인만 사용가능한 언어게임에서는 역사적 상황은 발생하지 않으며, 역설적으로 역사란 선험적으로 조건 지어진 구조의 반영이며, 개인은 그것의 구조의 틀 안에서만 존재한다. 이 언어게임에서 타자에게 사용가능한 언어란 별다른 사건적 의미를 형성하지 않는다. 오직 개인에게만 의미가 있고, 개인에게만 사용가능한 언어게임은 역설적으로 자기표현이 금지되며, 자아는 성립하지 않는다. 즉 타자라는 다른 삶의 규칙을 지닌 타자를 제거한 개인은 핀볼 머신으로 상징된 타자 그 자체에 매몰되어 종속당한다. 그러므로 이 언어게임은 역설적으로 핀볼 머신의 규칙만을 따르며 동시에 오직 개인의 틀에서만 머무르는 언어게임이다.

타자라는 다른 언어를 사용할 수 있는가 없는가는 타자의 가치를 적극적으로 사유하는 메시아적 시제에서는 메시아는 한계지어지고 한정적이지만, 타자라는 외부성에 의해 자기가 실현되는 의심들의 세계와 초월론적 자기를 넘어서 있는 세계의 외부성을 보여준다. 선험적 타자에 의해 만들어진 언어규칙을 통해 자신의 언어게임을 실현하는 이 메시아적 시제에서는 개별적 자아들은 사용 불가능이라는 가능성에 의해 어긋나고 뒤틀려있다. 하지만 동시에 타자라는 외부성은 자아를 넘어서는 뒤틀린 역사적 상황에 초대한다. 예를 들어 앤디 워홀의 〈200개의 1달러 지폐〉를 4380만 달러의 가치로 변환해 구매하는 것은 워홀의 가치를 실현하는 것과 동시에 워홀을 실현시키는 적극적인 메시아의 존재가 있다는 의미다. 200달러와 4380만 달러는 비대칭적이며, 어긋나고 뒤틀린 만날 수 없는 관계적 차이를 지니지만, 이것을 적극적으로 실현시키는 개별적 자아들 사이의 관계가 있다. 즉 200

달러를 4380만 달러로 구매하는 메시아의 적극적인 운동이 있다.

세계의 구조는 기호가 먼저 존재하는 선험적 차이들의 체계가 먼저 있고 그 다음 주체의 의미체험이 구조 체계를 반영해서 뒤따른다. 그러나 200달러와 4380만 달러의 가치 차이는 주체의 운동으로부터 새로운 언어게임을 가능케 한다. 여기서 언어게임은 메시아적 '자기'의 참여로 인해 새로운 언어게임을 발생시키는 것이다. 그로 인해 200달러는 4380만 달러로 실현된다. 그래서 타자를 매개한 개인들 간의 아슬아슬한 관계는 역사적 상황을 창출하는 메시아적 시제의 도구다.

> "분쇄된 언어는 그 파편화된 형태로 단순한 의사소통에 기여하기를 중단한 채 새로 태어난 대상이 되어 신들, 강들, 미덕들, 또는 그 밖에 알레고리적인 것이 되어 다채롭게 아롱거리는 자연형상들 곁에서 그것들과 똑같이 자신의 품위를 드러낸다. (…)
>
> 항상 어떤 세속적인 것이 신성한 것으로 해소되는 것처럼, 그러한 해소작업을 역사와 역사신학의 의미에서, 그리고 보증된 구원의 전체 질서라는 의미에서 정태적으로가 아니라 역동적으로 수행할 수 있다는 것은 분명할 것이다."

발터 벤야민, 『독일 비애극의 원천』

우리가 태어나기 전부터 규칙은 먼저 그 자체로서 존재하고 있다. 하지만 또한 언어규칙은 분쇄된 파편들의 언어체계로 구성되어 있다. 이것은 문단에서 문장으로 문장에서 음소로 파열되지만 동시에 그것을 응시하고 적극적으로 구성하는 타자가 없으면 무의미에 빠진다.

신문을 들어라.

가위를 들어라.

당신의 시에 적합할 만한 분량의 기사를 이 신문에서 골라내라.

그 기사를 오려내라.

그 기사를 형성하는 모든 낱말을 하나씩 조심스레 잘라서 자루 속에 넣어라.

조용히 흔들어라.

그다음엔 자른 조각을 하나씩 꺼내보아라.

정성 들여 베껴라.

그럼 시는 당신과 닮을 것이다.

그리하여 당신은 무한히 독창적이며 매혹적인 감수성을 지녔으나 무지한 대중에겐

이해되지 않는 작가가 될 것이다.

트리스탄 차라, 「7개의 다다선언(Sept manifestes Dada), 다다이즘 시를 쓰는 법」

예를 들어 트리스탄 차라의 시처럼 타자가 동의한 규칙체계의 언어를 우연의 극한에 놓아 구성한 시의 정보는 제로이며 언어는 무의미로 환원된다. 그래서 언어규칙은 의미를 구성하고 인정하는 타자와 승인된 규칙이 없으면 의미를 지닐 수가 없다. 하지만 선험적 규칙은 필연적으로 나를 거쳐 변경될 수 있다. 그러나 또한 의미를 구성하는 자아는 나뿐만이 아닌 시대를 살아가는 여러 명의 사람이다. 그러므로 언어게임 속에서 타자들과 나는 아슬아슬하고 긴장된 관계를 이룬다. 다시 말해 차라의 시처럼 언어체계는 무한대의 기호적 정보를 지니지만, 언어체계는 타자들과 이루는 구체적 상황이라는 개별적 자아들과의 관계 속에

서 한정적으로 실현되는 것이다. 하지만 한정적으로 실현되는 것은 또한 새로운 역사적 상황과 맞물려 기호체계에 새로운 언어게임을 요청한다. 그래서 파편화된 언어는 개별적 자아들이 매개하는 역사적 상황에서 관계를 이뤄 그것을 신학적으로 해소한다. 즉 그들을 구제함과 동시에 그들에게 사용됨으로써 의미를 재구성하는 것이다. 차라의 시는 문법 규칙에 어긋나 무의미하지만, 그것은 개별적 자아들이 처한 세계대전이라는 역사적 상황 즉 이성이라는 합리성에 의해 개별적 실존이 학살당하는 상황에서, '이성에 대한 비판으로서의 반이성', '계획적 합리성에 대한 우연의 예찬'이라는 타자에게 사용가능한 규칙을 통해서만 비로소 의미를 획득한다. 다시 말해, 차라의 시는 타자에게 의미가 팔리는 역사적 상황을 요청한다. 그리고 그 상황 속에서 의미를 획득한다.

그러나 하루키의 언어는 트리스탄 차라의 시와 같지만 무의미하다. 광주의 상황과 한 여인과의 만남, 그리고 존 레논의 죽음은 차라의 시처럼 나열되지만 무의미하다. 그에게는 개별적 자아들과 벌어지는 상황이 존재하지 않는다. 그렇기 때문에 모든 것은 파편화된 원자와 같이 부유할 뿐 역사적 상황에 의해 구성되지 않아 무의미하다. 이 무의미한 언어는 오로지 개인에게만 사용가능하기 때문에 타자와 교환이 불가능하다. 타자에게 사용 불가능한 언어는 역사적 상황이 존재하지 않게 된다. 왜냐하면 그 언어는 타자에게 사용가능하게 하는 메시아적 시제를 필요로 하지 않기 때문이다. 타자에게 의미를 갖지 못하는 순간 역사적 상황은 사라지고 이것은 마치 핀볼게임과 같은 무의미한 언어가 된다. 즉 타자가 사용 불가능한 언어의 사용은 타자의 가치라는 외부성을 실현하는 적극적인 메시아적 '자기'가 사라지면서 동시에 역설적으로 개인은 오로지 타자 그 자체의 언어만 사용하면서 타자 그 자체, 하루키 소설에서 핀볼 머신과 같은 타자에게 종속된다. 그리고 언어는 더 이상 타자에게 팔리지 않는다.

가라타니 고진은 '이제 모든 독자들이 하루키를 읽는다.'라고 언급하면서 근대문학은 사실상 종언했다고 선언했다. 타자에게 사용 불가능한 오직 개인만 사용가능한 언어를 대중이 소비한다는 것은 문학이 공동체의 윤리를 방기하면서 그것을 짊어지지 못한다는 의미다. 그래서 가라타니 고진은 문학은 공동체 속에서 언어적 기능을 잃었으며 또한 공동체의 윤리적 기능을 잃었다고 말한다.

그렇다면 사람들이 문학의 장에서 하루키 언어만 소비하는 현상은 마치 나비효과처럼 근대정치의 종언을 불러오지 않았을까? 오직 사람들이 자신만 사용가능한 언어를 사용하면서 그들은 선험적 타자에 종속되는 현상이 정치에서도 발생한 것이다. 다시 말해 정치의 언어가 마치 하루키의 핀볼게임과 같은 언어가 된 것이다.

"곽노현 교육감 사태는 그 위험을 잘 보여준다. (…) 그는 새로운 미디어의 위력을 활용했고, 결과는 그들이 자화자찬하는 대로 과연 성공적이었다. '진보 진영의 도덕적 순결주의 때문에 겁을 먹어 적에게 동지를 떠넘긴 이적행위를 했다.'

마땅히 있어야 할 윤리적·사법적 정의에 관한 합리적 논의는 이 한마디로 졸지에 나꼼수가 방영하는 드라마 속의 한 플롯으로 전락했다. 적에게 동지를 팔아넘기는 이적행위자들. 분노한 대중은 즉각 배신자들에 대한 복수에 나섰다. 더 황당한 것은 진보 진영의 문자문화를 대표하는 이들마저 홀라당 분위기에 넘어가서 이 가당치도 않은 시나리오에 단역으로 출연했다는 것. 법학·정치학·역사학, 전공도 다양하다."

진중권, 『진중권과 정재승의 크로스』

가라타니 고진이 말하기를 하루키가 등장한 이후부터 문학비평은 의미를 잃었다고 한다. 비평이란 구체적 현실 속, 즉 상황에 개입하는 것이므로, 상황을 소실한 하루키의 문학을 대중이 읽으면서 사실상 근대문학이 종언을 고했다고 논평했다. 하지만 근대문학의 종언의 연쇄효과로 근대정치도 종언을 고했다. 나꼼수가 등장한 이후의 정치비평 양상이 달라진 현상은 근대정치가 이제 기능을 잃었다는 것을 징후적으로 보여준다. 예를 들어 그것은 철학자 진중권과 김어준을 위시한 나꼼수가 '곽노현 사태'를 바라보는 시각차에서 징후를 드리운다. 진중권과 나꼼수 멤버들에게 곽노현 사태 즉 진보의 승리를 위해 선거에서 단일화를 이뤄 단일화를 하는 상대에게 선거비 보전의 명목으로 2억을 준 이 사건의 시각차는 굉장히 상이하다. 여기서 김어준은 진보진영 내부에서 곽노현이 사퇴해야 한다는 주장은 진보진영의 도덕적 순결주의 때문에 겁을 먹어 동지를 팔아넘기는 이적행위라고 주장하면서 진보진영 도덕성을 중시하는 자들을 매도했다. 이것은 마치 하루키의 핀볼게임의 언어를 연상케 한다. 이것은 보수진영이라는 타자와의 관계에서 이뤄진 도덕적 책임을 방기하는 것이다. 이것은 타자와의 교환성이 사라진 언어, 타자에게 팔리지 않을 언어, 마치 한 사람에 의해서만 이뤄지고 게임이 플레이 되는 핀볼 머신과 같이 진보진영에 의해서만 이뤄지고 보수진영에서는 언어게임이 이뤄지지 않는 하루키의 언어와 같다. 여기서 타자라는 삶의 형식은 드러나지 않고 오로지 진보라는 하나의 삶의 형식만 드러난다. 그러면 진보진영이라는 언어형식에서 드러나는 것은 무엇인가? 그것은 신화 속에서 신이 민중들에게 내리는 신탁의 언어다. 자신만 사용가능한 언어인 김어준의 언어는 하나의 삶의 형식만이 존재해 그리스 신화의 신의 신탁과 같이 신화 속 인간들에게 신탁이 그대로 이뤄져야 하는 일방향적인 언어다. 민중은 그것을 거절할 수 없다. 그래서 김어준의 언어는 타자들 사이에서 벌어지는 상황이라는 것이 존재하지 않는다. 그리고 문학에서는 그것이 핀볼게임으로 묘사된다. 그러나 핀볼 머신의 규칙에서만 활동하는 개인만이 있을 뿐이고, 기계는 타자로서 성립되지 않기 때문에 승자와 패자라는 사건도 없으며, 그것이 성립하는 상황도 존재하지 않기에 모든 것이 무의미해진 근대문학의 종언을 불러온 하루키의 언어가 정치적 맥락에 놓이면 어떻게 될까? 그것은 자신만이 사용가능한 언어로서 그 언어형식은 모든 것들을 향한 폭력으로 전환된다. 즉 그것은 자신의 삶의 형식과 불일치하는 모든 타자들의 삶의 형식들을 개혁하는 폭력을 요청하는 것이다. 다시 말해 자신만 사용가능한 언어형식이 정치적 맥락에 놓이는 순간, 모든 민중들의 삶의 형식은 단일한 삶의 형식과 일치해야 하는 상황에 처하게 된다.

신화적 폭력이 된 언어의 배후에는 하루키의 언어가 있다. 그것은 즉 타자가 없는 언어, 게임머신이라는 주체 없는 허구와 상대하는 가상의 언어다. 하루키의 언어는 문학을 통해 발현될 시에는 자신만 사용가능한 언어형식을 통해 타자에게 부유하는 언어가 된다. 다시 말해 하루키의 언어는 핀볼 머신이라는 주체 없는 허구의 언어 속에서 타자와 합일하는 것이다. 하지만 가라타니 고진의 지적대로 이것은 구체적 상황이 개입하지 않는 언어다. 그러나 게임머신과 개인은 완전한 합일을 이룰 수 있지만, 개별적 자아가 타자에게 팔리지 않는 언어를 타자가 수용하도록 강제하는 정치적 상황에서는 다른 양상이 나타난다. 다시 말해 문학의 장에서와는 달리 정치적 문맥에서는 자신만 사용가능한 언어의 소유자가 다른 규칙을 지닌 타자와 접촉할 때는 공황상태가 야기되며, 초월론적 자기로 전도된 하루키의 언어는 자신이 팔리지 않는 자들에게 '적'이라는 기표를 선사하는 상황이 발생하는 것이다. 그리고 그곳에서는 슈미트의 결단하는 자가 요청된다.

> "나꼼수는 처음부터 현실과 연동된 가상 혹은 가상과 연동된 현실의 게임이었다. 게임의 서사 속에서 캐릭터의 도덕적 '오류'는 책임져야 할 윤리적 상황이 아니라 돌파해야 할 전략적 상황으로 간주된다. 이런 인식은 인터뷰 곳곳에서 드러난다. '극단적 대결 국면에서의 사퇴는 지지층의 정서적 전선을 무너뜨리고 상실감과 열패감을 부린다. 이건 논리적 설득으로 단기간에 만회할 수 있는 것이 아니다.' '말했잖아. 돌파했어야 했다고.' 피해 가거나 부드럽게 넘어가거나 좀 더 피해가 적은 방식을 찾는 그런 사고로는 절대 여기까지 올 수 없었다."
>
> 진중권, 『이미지 인문학』

철학자 진중권은 핀볼 머신이라는 오락의 언어가 현실의 정치적 상황에 놓일 때 어떤 효과를 불러오는지 설명한다. 이것은 근대문학의 종언이 불러온 근대정치의 종언이라고 할 만하다. 하루키의 언어는 타자에게 팔리지 않는 언어다. 팔리지 않는다는 것은 교환이 성립되지 않으며, 타자와의 관계가 성립하지 않는다는 말이다. 타자와 관계가 이뤄지지 않는 곳에서는 상황이 존재하지 않는다. 그러나 정치적 장에서는 상황이 존재하지 않는 언어의 형식을 소유한 자가 자신의 언어를 판매할 수 없는 타자를 마주하는 상황이 발생한다.

> "하지만 이 놀이가 'as if'의 성격을 벗어나면 문제가 발생한다. 허구가 허구임을 알면서도 믿는 척할 경우 그것은 놀이 상황으로 남는다. 하지만 허구를 사실로 받아들이는 순간 천진한 놀이는 위험한 선동으로 변한다."
>
> 진중권, 『이미지 인문학』

핀볼 머신의 타자성 없는 언어가 정치적 맥락에 놓일 때 그것은 무의미를 타자가 의미로 받아들여야만 하는 도착에 빠진다. 예를 들어 김어준과 유시민을 위시한 조국의 옹호자들은 '조민은 수업을 듣지 않았지만 들었다'라는 핀볼 머신의 언어인 무의미를 의미화해야 했다. 그리고 '표창장은 발급되지 않고 컴퓨터 그래픽으로 조작된 조작본만 있을 뿐이지만 표창장은 발급받았고 원본은 존재한다'라는 무의미한 언어를 의미화해야 했다. 하지만 핀볼 머신이라는 타자성이 없는 허구의 언어는 정치적 맥락에 놓일 때 타자의 개입을 받는다. 그리고 그것은 팔리지 않는 언어라는 것을 통보받는다. 하지만 타자에게 팔리지 않는 언어로 구성된 이들은 이상하게도 자신들과 언어게임을 공유하지 않는 이들을 올림포스 신전에서 일어나는 신화의 신탁을 통해 처벌해야 하는 대상으로 보게 된다. 그리고 이것은 선험적 타자인 리바이어던의 요청으로 이어진다. 다시 말해 자신이 판매할 수 없는 개별적 실존들을 모두 '개혁'의 대상으로 삼는 것이다. 이로서 한정은 사라지고 무한만 존재하게 된다. 이곳에서 공적인 '적'이 탄생한다.

자신만 사용가능한 언어를 구사하는 하루키의 언어는 정치적 상황에 놓이면서 김어준의 언어로 변모했다. 그것은 둘 다 허구이며 가상인 오락의 언어다. 하지만 문학의 장에서 정치의 장으로 옮겨졌을 때 그것은 오락에서 폭력으로 변한다. 김어준은 현실의 사태를 핀볼 머신의 언어로 풀어내는 화자다. 핀볼 머신의 언어란 타자들이 사라진 언어, 즉 타자에게 승인받지 못하는 가상의 언어다. 윤미향 사태에서 김어준이 이용수 할머니 배후의 '누군가가 있다'라는 '가상의 누군가'라는 핀볼 머신을 설정하면서 자신만 사용가능한 언어를 정치적 맥락에 놓는다. 허구와 가상이라는 타자에게 승인을 받지 않는 언어는 교환이 성립되지 않는다. 하지만 사용 불가능한 무의미한 언어가 사용되지 않는 곳은 개혁의 대상이 되며, 그곳에는 폭력이 개입한다. 예를 들어 윤미향이 사용하는 언어를 사용하지 않는 위안부 당사자들은 오히려 위안부 기림비에서 이름이 지워지는 것을 그 구체적인 사례로서 보여준다. 즉 타자의 가치를 실현하면서 자신을 실현하는 메시아적인 자기가 사라지는 것이다. 이를 통해 정치는 핀볼 머신이 된다. 구체적인 상황에 놓여있는 위안부 당사자는 이 언어게임에서 지워지고, 당사자 없는 허구의 언어가 그들을 대신한다. 이곳에서 위안부 운동은 무엇을 의미하는가. 그것은 무의미이다. 그러므로 정치의 언어가 무의미해지면서 근대정치는 종언을 고했다.

우리 시대는 이제 '대의민주주의를 넘어' 그 이후 시대를 사유할 때가 온 것이 아닐까? 근대정치는 이미 기능을 잃었으니 말이다.

눈물겨운 보수성

"한 토론수업에서 어떤 학생이 토로한 '교수님 세대는 투쟁을 선택했지만 우리 세대는 경쟁을 선택했습니다.'란 말이 떠오른다. 투쟁 대신 경쟁이라는 이 세대들의 이러한 태도가 결국은 이 체제의 논리에 순응하는 것이라는 점에서 보수적인 것은 분명하지만 그것이 다른 여러 선택지들의 하나가 아니라 거의 유일한 선택지라는 점에서 그 보수성은 눈물겨운 보수성이다."

《한겨레》 김명인 칼럼 중

내가 생각보다 정통적인 좌익이구나 싶었던 순간이 있다. 인천국제공항에서 직원들을 비정규직에서 정규직으로 전환했을 때 주변 사람들이 이 사건을 나와 다른 관점에서 바라보는 이유 때문이었다. 이때 나는 문재인 대통령을 참 좋게 봤었다. 하지만 주변 사람들이 이 일을 부정적으로 바라본다는 점에서 쇼크를 먹었다 '이건 불공정한 사안'이라고 하면서 의기소침해지는 것이 아닌가. 순간 너무 충격을 먹어 말을 잇지도 못했었다. 왜냐하면 내 입장에서는 이 일이 사회 진보적 정의가 서서히 구축되는 사건이라 봤었는데, 사람들은 '불공정'한 사안이라 봤기 때문이었다. 평창 남북 단일팀 사안에서는 의견에 동조했건만, 정규직 전환이라는 사회정의를 세우는 사안에서도 이럴 줄은 몰랐다.

내 절친도 보수주의적 입장이지만 그는 이러한 보수성과는 결이 다른 친구다. 그는 전형적인 '영웅주의'에 입각한 보수정신인 프론티어 정신과 맞닿아 있는 친구인데, 영웅주의적인 관점에서 바라보는 보수성은 이 문제에서 의견을 달리했다. 그가 주장하는 핵심 요지는 이것 같다. 그는 인천공항에서 일하는 업종이 하이리스크 하이리턴이 벌어지는 곳도 아닌데, 여기서 왜 능력주의를 따지는 것이냐는 식으로 의문을 제기했다. 여담으로 그가 페미니스트를 딱히 좋게 보지 않는 이유도, 딱히 하이리스크를 담보하는 주변 여성들의 도전정신이 특출나게 보이지 않는다는 점이었다. 21세기에 앙겔라 메르켈이라는 걸출한 정치인을 봐온 입장에서 이 반례를 통해 바로 날려버릴 어이없는 논거이며, 또한 주변 남자들이 뭐 그렇게 영웅적인 리스크를 짊어지며 도전정신의 삶을 사는가라고 했을 때 그렇지도 않아 사실로서도 헛소리에 불과하지만, 그 친구의 맥락에 섰을 때는 딱히 용납 못할 논거도 아니다. 영웅적 도전정신을 지닌 이들이 사회계급에서 우위를 차지해야 하는 게, 진보적인 입장에서도 '아니야!'라고 말하기는 힘들지 않을까? 비록 그것이 여성비하로 이어지는 것은 웃긴 일이지만 말이다. 보수주의자들의 짜증남은 사회적 구조에서 비롯되는 결과를 모두 개인의 문제로 치환하는 것에서 온다. 그럼에도 불구하고 솔직히 이러한 보수주의자들은 좋아한다. 하지만 문제는 요즘 2030세대는 '눈물겨운 보수성'이 지배하는 세대라는 점이다.

얼마 전에 재미난 댓글을 본 적이 있다. 국민의 힘 이준석 씨가 페미니스트와 관련해 부정적 의견을 적은 기사였다. 그 기사에서 나의 눈을 사로잡는 댓글이 있었는데, 그 댓글 내용은 '유리천장 뚫으려다 유리바닥 무너지는 걸 보지 못한 더불어민주당'이었다. 또 쇼크를 먹었다. 왜냐하면 과거세대가 부모세대를 죽이려고 했다면, 지금 세대는 내 옆에 있는 자들을 죽이는 세대라는 것이 명징하게 내포된 글이었기 때문이다. 싸움은 이제 유리바닥에서 벌어지는 사태다.

정유라–조민–LH사태에서 이들이 보여줬던 공통된 반응은 '꼬우면 니들도 이렇게 되던가!'였다. 이런 세상에서 공정성이 화두가 되는 것은 당연하다. '공정한 자유주의' 말이다. 하지만 이 담론이 소수자들에게도 적용되고 있다는 사실은 어떤 의미일까? 솔직히 2030세대 남자들도 엄청 힘든 소수자이기 때문에 뭐라 할 말은 없다. 하지만 쎈 녀석은 내버려 두고 약한 녀석을 조지는 능력주의가 수연통에 감춰진 꼽추 난쟁이라면, 이 표어가 지배하는 세상은 참으로 볼만할 것이다.

Good-Bye

'노유진의 정치카페'를 참으로 좋아했었다. 하지만 노회찬은 가고, 유시민도 갔으며, 남은 것은 철학자 진중권 말고는 없다. 하지만 이 팟캐스트를 청취했을 때만 하더라도 가장 좋아했던 사람은 단연코 유시민이었다. 물론 반보 정도의 차이였지만 말이다. 뭐 그의 썰푸는 능력과 토론능력은 대한민국에 거주하는 모든 이가 알 정도니 첨언할 필요도 없다. 조국사태 이전까지만 해도 그를 좋아했지만, 묘하게 이상하다고 느꼈던 몇 번의 경험이 있다. 뭐 지금은 이것들을 일종의 전조현상이었다고 여기지만 말이다. 첫 번째는 '유승민 공천갈등'에 관한 철학자 진중권과 유시민의 다툼이었다. 알다시피 유승민 전 새누리당 원내대표가 당시 박근혜 대통령에게 찍혀 원내대표직에서 물러났던 사건이 있었다. 그러면 공천에서 배제되는 것은 당연한 수순이었는데, 이 문제를 놓고 이 두 사람이 첨예하게 각을 세웠었다. 당시 유시민이 유승민 의원이 공천에서 떨어져야 수도권에서 더불어민주당이 이긴다는 발언을 하자 철학자 진중권이 발끈했다. 이 말을 듣고 그는 상대편에 올바른 사람이 공천되길 바라는 마음이 공익에 부합하는 생각이라며 유시민을 계산적이고 속물적인 사람이라고 반박했다. 그래도 유시민은 물러서지 않았고 그 상태로 다툼이 벌어졌다. 이것을 듣고 나는 뒤통수를 긁적였던 기억이 난다.

두 번째는 jtbc 〈차이나는 클래스〉에 유시민이 출연한 민주주의에 관한 강의였다. 듣던 중 정말 헉! 하던 의견이 있었는데 바로 자신은 직접민주주의를 반대한다는 의견이었다. 그 이유는 대의민주주의가 소크라테스를 죽인 정치제도라는 사건을 지적하면서 직접민주주의의 중우성 때문에 대의민주주의가 우수한 제도라는 것이었다. 순간적으로 '뭐! 이런' 했던 기억이 있다. 민주주의의 중우성을 지적할 순 있다 치더라도 민주주의자를 자처하는 사람이 민중의 직접성을 부정하는 주장을 하는 모습을 보며 매우 당황했다.

세 번째는 교보문고에서 그의 저서 『국가란 무엇인가』를 잠시 읽었는데, 이 책은 마치 조르조 아감벤의 저서 『호모 사케르』의 역버전이었다. 이 저서에서 그가 주장하는 요지는 국가가 존재하지 않아 발생한 시리아 사태를 보라는 것이었다. 그러면서 그는 근대 국가 시스템에 찬동했다. 『호모 사케르』를 읽은 나로서는 아감벤과 다르게 난민을 바라보는 유시민의 시선에 놀랐다. 이번에는 옆머리를 긁적였다. 그리고 이 책은 조르조 아감벤 탐구에 완벽한 표본으로 남을 것이다. 이 책은 우리가 어떻게 국가에 자발적 복종상태로 예속되는지를 명징하게 보여준다.

> "그처럼 난민들(20세기에 이들의 수는 끊임없이 증가해 오늘날에는 전체 인류의 결코 무시 못 할 한 부분을 차지하고 있다)이 근대 국민국가 질서의 불안정성을 대변하는 것은 무엇보다도 그들이 인간과 시민, 출생과 국적 간의 연속성을 깨뜨림으로써 근대 주권의 근원적인 허구성을 문제 삼기 때문이다. 난민은 출생과 국민 사이의 간격을 백일하에 드러냄으로써, 정치 영역의 숨겨진 전제인 벌거벗은 생명이 잠시 동안 정치의 영역에 나타나게 만든다."
>
> 조르조 아감벤, 『호모 사케르』

과거 신분제 앙시앵레짐 하에서는 정치적 무관심의 대상들이었던 사람들이 근대국가가 열리면서 인권을 갖게 되었다. 이것은 근대 국민국가 체제와 함께 발흥했으며, 출생과 동시에 인권을 지닌다. 현재도 이것은 통용되고 있다. 하지만 난민의 사례에서 볼 수 있듯이, 인권과 시민권은 분리된다는 사실이다. 즉 국가가 존재하지 않는 무국적자는 인권을 소유할 수 없으며, 그들은 모든 정치적 권리를 박탈당하며, 살해 가능한 생명이 된다. 즉 예외가 된 이들은 인간 모르모트가 되어 생체실험을 당해도 무방한 존재가 된다. 유시민은 이것을 염려한 것일 것이다.

"인권과 형식적인 자유를 인정하기까지의 기나긴 갈등의 과정 뒤편에는, 희생될 수 없지만 그럼에도 살해 가능한 생명체라는 이중적인 속성을 가진 성스러운 인간의 신체가 또다시 자리 잡고 있는 것이다."

"만약 주권자가 예외상태를 결정하는 자로서 항상 어떤 생명이 죽여도 살인죄로 처벌받지 않는 대상인지를 결정하는 권한을 갖고 있다면, 생명정치의 시대에 그러한 권한은 예외상태로부터 해방되며 또 생명이 더 이상 정치적 의미를 갖지 않는 지점을 결정하는 권한으로 변경된다. 생명이 최고의 정치적 가치가 되면, 그와 함께 슈미트의 주장처럼 생명의 무가치함이라는 문제가 제기될 뿐만 아니라, 더 나아가 마치 주권적 권력의 궁극적 토대가 그러한 결정에 달려 있는 것처럼 보이게 된다. 근대의 생명정치에서 주권자는 생명 자체의 그러한 가치 혹은 무가치를 결정하는 자이다."

조르조 아감벤, 『호모 사케르』

하지만 국민국가 시스템에서 국민의 생명에 관한 정의는 언제든 재정의될 수 있다며 아감벤은 주권자가 생명을 재정의해서 살해할 수 있는 생명을 지정할 수 있다고 말한다. 이 시스템에서 국민은 벌거벗은 생명의 가능성을 내포하며, 살해 가능한 생명의 원리를 내포하고 있다. 이러한 사실로 유추하건대 과연 유시민이 시리아 사태를 예로 들면서, 국가체제를 옹호한 것은 정당한 것인지 의문이다. 그의 저서에서는 유신 시절 자신에게 가해졌던 과거도 국가체제 앞에서 사라진다.

그리고 그를 떠나보낸 결정적인 충격은 그가 조국사태 이후 출현한 김어준의 '다스뵈이다'에서 보인 반응 때문이었다. 조국사태 당시 그가 말한 정경심 교수가 PC를 반출하려고 한 행위에 증거인멸이 아닌 '증거보전'이라고 했을 때 '엥!' 하던 순간이 있다. 그럼에도 불구하고 속으로는 그의 주장이기에 내심 믿었다. 이유는 단지 그는 내가 가장 신뢰하는 정치평론가였기 때문이었다. 그리고 조국이라는 환상이 사실이기를 바랐으며 동시에 더불어 민주당이 진행하는 다른 정책들을 걱정했다.

유시민은 조국 옹호를 계속하던 와중에 김어준의 '다스뵈이더'에 출현했다. 거기서 그에 대한 모든 환상이 박살났다. 그날 내뱉은 김어준의 말은 너무 충격적이었다. 김어준은 그날 마치 나치 시대의 법학자 칼 슈미트에 접신하듯이 '이 정도 큰 싸움이 벌어지면 이기는 모습을 보여줘야 지지층이 떨어져 나가지 않는다'는 막말을 내뱉었다. 그러나 김어준은 둘째치더라도 문제는 유시민이 그 주장에 동의하는 것이 아닌가. 그 순간 화들짝 놀라 '이들에게 진실은 중요하지 않구나!'라는 생각과 함께 사건의 면모를 의심하기 시작했다. 결과는 조국 일가의 혐의는 모두 사실이었다.

하지만 이 사건을 겪고 나서 내게 더욱 깊게 각인된 것은 한 법학자의 이름이었다. 바로 칼 슈미트였다. 그리고 그의 대표 저서『정치신학』과『정치적인 것의 개념』의 구절들이 떠올랐다.

> "주권자란 예외상태를 결정하는 자이다."
>
> 칼 슈미트,『정치신학』

> "정치적인 행동이나 동기의 원인으로 여겨지는 특정한 정치적 구별이란 적과 동지의 구별이다."
>
> 칼 슈미트,『정치적인 것의 개념』

이들에게 조국은 예외상태로 존재했다. 즉 그들은 예외상태를 상례로서 기능하게 한 것이다. 그리고 중요한 것은 그들은 이 사건을 예외상태로 여기는 사람들을 단순히 '적'으로 여겼다. 다시 말해 이겨야 할 대상, 섬멸해야 할 대상으로밖에 보지 않은 것이다. 나치시대를 대표하는 법학자 칼 슈미트는 한국에 유령처럼 출몰한 것이다.

예외상태의 결정자로 출현한 더불어민주당, 이들에게 민주주의는 무슨 의미였을까? 왜 유시민을 비롯한 민주주의자들은 칼 슈미트가 되었는가? 이것은 나에게 중요한 고찰로 남게 되었다. 물론 이 사건을 계기로 '노', '유', '진' 세 명 중 '노', '유'는 떠나고 '진'만 남게 되는 비극과 함께 말이다.

오이디푸스

2016년 10월 24일 역사적인 뉴스가 터졌다. 그것은 바로 박근혜-최순실 게이트 사건이었다. 박근혜 대통령에게 비선실세가 있고 선거에서 당선된 박근혜 대통령이 아닌 최순실이라는 비선실세에 의해 국정이 운영되고 있다는 충격적인 뉴스였다. 대한민국은 말 그대로 뒤집혔고, 민중들은 광화문에 나와 퇴진시위를 벌였다. 5만 명에서 시작한 촛불시위는 20만, 30만을 넘어 전국에 300만 명에 육박하는 민중이 나와 촛불을 들었다. 나도 이 시위에 참여했고 새로운 시대가 열린다고 생각했다. 물론 새로운 시대라는 것은 환상뿐이었단 사실만 알게 됐지만 말이다. 이 파국적 결말을 예증했던 것일까? 그때 당시에도 왠지 모르게 거부감이 들었던 인터뷰가 있었는데 그것은 바로 2016년 11월 8일 jtbc 뉴스룸에서 손석희 앵커와 우상호 당시 더불어민주당 원내대표와의 인터뷰다.

"손: 지금 말씀하신 국정에서 손을 뗀다, 그러니까 뭐 퇴진이다 하는 것과, 시민들이 거리에 나서서 주장하는 하야하고는 어떤 차이가 있습니까?

우: 하야와 퇴진은 사실 같은 개념이죠. 그러나 저희들이 말하는 것은 결국은 조건을 건 것 아니겠습니까? 적어도 대통령이 국정에서 손을 뗀다는 약속을 하면 굳이 퇴진 운동까지 하지 않겠다는 것이 기존 제도권 야당의 입장이라는 것을 말씀드리고요.

손: 지금 제도권 야당이라고 표현하신 것은 뭔가 급격한 무엇을 야당이 추진할 수 없다는 것을 에둘러 표현하신 겁니까?

우: 그렇습니다. 사실은 대통령의 하야까지 요구하는 분노한 민심을 심정적으로 이해하고 저도 개인적으로는 동의하는 편입니다. 그러나 광장은 광장의 방식으로 이야기하고 국회는 국회의 방식으로 문제를 해결해가야 한다는 고민이 있습니다."

2016년 11월 8일 〈jtbc 뉴스룸〉 인터뷰

당시 도올 김용옥과 조국을 비롯한 진보 지식인들은 탄핵불가론을 외치며, 헌법재판소의 성향이 보수에 치우쳐있어 탄핵이 안 될지도 모르니 시위를 통해 대통령을 하야시켜야 한다고 주장했다. 물론 모두가 알다시피 탄핵은 성공했다. 하지만 웃기는 사실이다. 명백한 사안에도 불구하고 법적으로 처벌할 수 없다는 가능성이 대의민주주의 시스템에 내포하고 있다는 사실이 말이다.

사실 나는 도올 김용옥을 그다지 좋아하지는 않는다. 왜냐하면 너무 민족주의, 내셔널리즘에다가 엘리트주의에 경도된 사상가라 나와 맞지 않을 때가 너무 많기 때문이다. 그럼에도 불구하고 이 분을 무시해서는 안 된다는 사실이 그 당시 그의 글에서 묻어나온다.

> "지금 정가에서 나도는 해법은 세 가지로 요약된다. (1) 하야 (2) 탄핵 (3) 거국내각. 우선 우리 국민은 하야와 탄핵이 전혀 다른 차원의 문제라는 것을 알아야 한다. 탄핵은 현행 법질서 내에서 이루어지는 정당 간의 합의에 의한 정치적 프로세스이다. 그러나 하야는 정치적 프로세스가 아닌 초법적인 도덕적 선택이다. 이 도덕적 선택의 일차적 주체는 박근혜라는 자연인이다. 그러나 이 자연인은 어떠한 경우에도 이러한 도덕적 선택을 자발적으로 내릴 수 있는 인격체가 아니다. 그러한 인격체라면 어찌 최순실 게이트의 사태에까지 당도할 수 있었겠

는가?

그러니까 탄핵의 주체가 정당이라고 한다면, 하야의 주체는 국민이 된다. 하야를 하게 만드는 사역자가 국민이라는 뜻이다. 이 국민은 반드시 혁명의 열기를 누그러뜨리지 않는 각성된 국민이어야만 한다. 그런데 탄핵은 문제가 많다. 정당 간의 합의도 어렵고, 최종적으로 헌법재판소의 판결을 거쳐야 하는데, 이 전 과정은 장기화될 것이며 박근혜는 면죄와 휴식과 도덕적 마비를 얻는다. 그리고 헌재의 판결은 국민이 바라는 결과를 초래하지 않으리라는 전망이 강하다. 국민의 소망이 물거품이 되고 마는 것이다. 기실 탄핵은 국민의 입장에서는 헛수고일 뿐이다."

하야라는 평화로운 사태 국민의 명령이다.

"그렇다면 거국내각이란 무엇인가? 국민들이 이 말의 함의를 정확히 깨닫기에는 너무도 많은 역사적 언어가 필요하다. 그 핵심을 말하자면 거국내각이란 국회가 국체의 전권을 쥔다는 이야기인데, 이것이 정의롭게 이루어지려면 대통령이 소속정당을 탈당해야 하고, 일체 정무에서 손을 떼야만 가능한 것이며, 특검도 거국내각이 구성한 엄정한 수사기관이 되어야만 한다.

그런데 실상 거국내각은 이루어지기가 어려우며, 그 실제 내용으로 말하자면 하야와 크게 다를 바가 없다. 그렇다면 우리의 최종 결론은 단 하나만 남는다! 하야! 하야! 하야! 그리고 또 하야! 하야를 강행하는 주체는 국민이다. 다시 말하자면 지금 이 시점에서 하야라는 평화로운 사태를 유발할 수 있는 힘은 정객에게 있지를 않다. 국민이 국민의 힘으로 국민을 위하여 국민의 역사를 새로 써야 한다."

도올 김용옥, 《한겨레》 기고문

조국을 비롯한 여타 지식인들과는 구별되게 도올이 하야를 해야만 한다고 강력하게 주장을 한 이유는 '초법적인 도덕적 선택'이다. 즉 혁명의 주체는 국민, 즉 민중이 되어야 한다는 것이다. 도올 김용옥은 그 당시에도 주체가 민중일 때서야 비로소 혁명이 된다는 것을 확실히 포착하고 있다. 초법적인 상황에 따른 민중의 승리, 즉 그것은 민중이 '예외상태'를 창출하는 데 목적을 둔다. 예외가 민중에서 발생할 때서야 비로소 민중이 승리를 한다는 것이다. 하지만 여기에는 함정이 도사리고 있다.

"위험은 전통의 존속에 뿐만 아니라 그 전통의 수용자들에게도 닥친다. 둘 모두에게 그 위험은 똑같은 것으로서 지배 계급의 도구로 넘어갈 위험이다. 어느 시대에나 전승된 것을 제

> 압하려 획책하는 타협주의로부터 그 전승된 것을 쟁취하려는 시도가 이루어지지 않으면 안 된다. 메시아는 구원자로서만 오는 것이 아니다. 메시아는 적그리스도를 극복하는 자로서 온다."
>
> 발터 벤야민, 『역사 철학 테제』

발터 벤야민은 언제든지 혁명이 지배계급의 도구로 넘어갈 위험을 지적한다. 하지만 도올 김용옥의 글에서는 어떠한가. 거국내각과 하야는 다를 바 없다고 선언한다. 다시 말해 결국 초법적인 예외상태 상황은 거국내각 즉 대의민주주의와 다를 바가 없다는 것이다. 그리고 이것은 위의 〈jtbc 뉴스룸〉 인터뷰의 당시 우상호 더불어민주당의 의견과 다를 바 없다. 그래서 당시 〈jtbc 뉴스룸〉의 손석희 앵커는 '하야와 퇴진은 무슨 차이가 있습니까?'라고 질문했을 때 그는 '하야와 퇴진은 같은 의미죠.'라고 언급하면서 덧붙이기를 '대통령이 국정에서 손을 뗀다면 굳이 퇴진운동까지는 하지 않겠다.'고 답한 것이다. 그리고 말하기를 '광장은 광장의 방식대로 국회는 국회의 방식대로'라고 언급하면서 국회와 광장의 민중 사이의 연결선을 끊는다. 그에게 혁명이란 단지 권력을 더불어민주당이 이양 받는 것을 뜻할 뿐 다른 의미는 존재하지 않는다. 결국 벤야민의 경고가 들어맞은 것이다. 혁명적 상황이 지배도구로 넘어갈 것을 경계하라는 벤야민의 말은, 초법적 예외상태가 문재인 정권으로 넘어간 것으로 증명되었다.

그렇다고 도올 김용옥을 비판할 수는 없다. 우상호와 달리 도올 김용옥은 초법적인 예외상태를 인지했기 때문이다. 그는 탄핵이 아닌 하야로서 권력이 무너져야 한다고 분명히 명시했다. 하지만 시대적 한계가 그의 발목을 잡는다. 왜냐하면 그 역시도 역사의 종언 이후의 지식인이기 때문이다. 그래서 그에게도 혁명의 결과는 정당 간 권력이양으로 향한다. 결국 우리 시대의 모든 혁명은 대의민주주의로 수렴한다. 즉 대의민주주의에서는 박근혜에서 문재인으로 권력이 이양될 뿐이고 국민의 힘의 전신인 새누리당에서 더불어민주당으로 권력이 이양되는 것이 혁명일 뿐이다. 결과는 어떤가. 문재인은 달랐는가. 달랑 남은 것은 언제나 '정권교체'라는 캐치프레이즈일 뿐이다. 다시 말해 대의민주주의는 '○○당은 XX당에 반대하는 정당이다' 혹은 '○○당은 XX당을 싫어하는 정당이다'라는 술어를 당선시키는 업적만은 반드시 성사시킨다. 그러나 시대정신은 묘하게도 이 공허하고도 텅 빈 정권교체라는 아무런 의미 없는 구호로 전부 수렴된다.

촛불혁명이 혁명이 아니었음을 알게 된 후 모든 것이 의심스러워졌다. 세월호라는 비극에서도 새어 나오던 투철한 반공정신은 최순실 게이트와 무슨 상관이 있어 사라졌을까? 그리고 조국사태와 최순실 사태의 접점은 무엇인가. 왜냐하면 더불어민주당이 지속적으로 협박을 해왔기 때문이다. '최순실 게이트를 일으킨 정당을 찍을 수 있어?'라고 말이다. 그리고 코로나 방역과 조국사태는 무슨 연관이 있기에 조국사태가 터지고도 더불어민주당은 180석을 얻었는가. LH사태와 페미니즘은 무슨 연관이 있기에 2021년 재보선 선거는 남성의 승리로 기록되었는가. 공공주택 확장보다 강남 재건축이 20대 남성들에게 집을 안겨줄까? 오세훈은 철저한 시장주의자, 무상급식을 반대한 사람인데도 말이다. 유리바닥을 자처한 그들에게 유리천장 정책이 도움이 될지는 아직도 의문이다.

하여튼 짜증 난다. 이 짜증 속에서 우리 시대의 과제는 대의민주주의를 대체할 새로운 언어게임 창출이 급선무라는 사실을 '촛불혁명이라 불리는 권력이양 사태'에서 명백히 깨달았을 뿐이다. 촛불혁명은 혁명이 아니다.

부모

필자의 본향은 경상도다. 서울에서 태어나 경상도민이라는 정체성은 없지만 친부가 본향에 대한 집착이 강해 자연스럽게 알게 된 사실이다. 본향에 집착이 강한 사람을 만나면 자연스럽게 알게 되는 사실이 있다. 누구나 짐작하겠지만 그건 바로 지역감정이다. 지금은 전보다 지역감정이 옅어져 부산에서도 민주당이 당선되지만, 친부만 봤을 때는 실감이 나지 않는 현상이다. 큰아버지들의 세대가 모여 정치담론을 이야기할 때면 확실히 반공세대의 정치의식이 드러나기 때문이다. 이런 친부를 두면 자연스럽게 따라오는 현상이 있다. 최근에야 포기한 듯 보이지만 과거에는 선거철이면 '니 어디에 투표할꺼고?'라는 질문을 항상 해왔다. 이 질문이 날아오는 순간 당연히 싸움이 시작된다.

2016년 총선이 펼쳐진 어느 날이었다. 어김없이 질문이 날라왔다. '니 어디에 투표할꺼고?' 그리고 싸움은 또 벌어졌다. 하지만 이 당시 싸움이 유독 기억에 남는 이유가 있다. 그건 친부의 발언 때문인데 한창 옥신각신하던 와중에 친부가 '마! 경상도는 나라를 팔아먹어도 1번이야'라고 말하는 것이 아닌가. 당시 인터넷에서 울산에 어느 시장 아주머니가 '나는 나라를 다 팔아먹어도 새누리당이에요.'라는 밈이 유행이었는데, 이걸 가족한테 들었을 때는 그것과는 또 다른 충격으로 다가왔다.

그리고 이날 이것과는 또 다른 엄청난 충격을 맛봤다. 저녁을 먹는 와중 친모에게 '아빠 또 선거유세 전화 오네!'라는 짜증 섞인 말을 했고, 그 말을 들은 친모가 갑자기 새누리당을 찍으라고 권유했다. 순간 어이가 상실했고 나는 세월호 사건을 언급하면서 거기를 왜 찍어야 하냐고 따져 물었다. 친모의 이유는 간단했다. 부동산 집값 문제였다. 당시 박원순 서울시장은 서울의 지역문화재를 보존하는 도시정책을 펼쳤고, 그 정책과 관련해서 우리 집은 송파구 풍납 토성 인근이라 재건축에 지장이 있던 것이다. 그래서 친모의 주장은 이번 선거를 통해 당시 박원순 서울시장에게 경고의 메시지를 보내야 한다는 것이 요지였다. 자연스레 나는 이것은 공익에 부합하는 선거행위가 아니라고 따져 물었고, 세월호 사건을 무시하는 처사라 따졌다. 그러나 친모는 너무나도 냉정하고 시니컬하게 정치란 자신의 이익을 위해 투표하는 행위이며, 세월호 사안은 그 유가족의 사안, 그들이 민주당에 투표하는 것으로 해결되는 사안이라고 냉정하게 답했다.

가끔 세상을 바라보는 시선이 달라지는 대화들이 있는데, 이 일은 내 삶에 큰 영향을 미친 것 같다. 이날 처음 안 것 같다. 우리 집이 이제 부르주아 가정이라는 사실을 말이다. 우리 집은 보수정당을 찍음으로써 이익을 받는 집이었다. 그리고 새삼스레 인간이라는 존재가 참으로 냉혹한 존재인 것을 깨우친 것 같다. 원래 친모는 굉장한 리얼리스트이며 엄청나게 재수 없는 사람이다. 으레 알고 있던 사실이지만 이 대화로 인하여 다시 한번 더 놀랐었던 것 같다.

우리 가정은 말 그대로 이미 초토화된 가정으로 사실상 유대관계는 없는 집안이라 해도 과언이 아니다. 처음에는 부부 사이가 나중에는 부모와 자식 간의 관계가 파투 났다. 왜 파투 난 가정인가라는 기원을 찾아보면 쉽게 찾을 수 있다. 그 원인은 IMF사태였다. 삶이 힘들어지니 관계가 파투 날 수밖에 없는 것은 당연한 순리일지도 모른다. 친모는 친부와 달리 굉장히 강인한 사람이다. 아니 친모는 IMF 이후에 강인해져야만 했을 것이다. 왜냐하면 남편의 사업은 망했고 애는 둘인 상황에서 어찌 강인해지지 않을 수가 있겠는가. 사업이 망한 상태에서 소득 없이 자식을 키워야만 하는 잔혹한 환경이 그녀를 강인하게 만들었다. 이 잔혹한 자본주의적 환경에서 자라난 강인함의 무서움은 친모를 통해서 가장 많이 체험했다. 거기에 머리가 나쁘지 않아 집안을 재건하는 데 성공했다. 친부도 많이 희생했지만 소프트웨어는 분명 친모였다. 정치적 선택을 보면 답이 나오지 않는가. 정치적 선택도 자신의 이익에서 비롯된 냉혹함이지 친부와 같은 무지함에서 우러나온 선택이 아니라는 사실에서 누가 소프트웨어를 담당했는지 알 수 있기 때문이다.

우리가 사는 세상은 가혹하다. 강인하다는 것은 철저한 '무감각'에서 비롯된다. 타인에게 감응하는 순간 살아남지 못할 것이다. 우스갯소리로 길거리나 광고에서 난민들을 도와달라는 호소에 일일이 다 반응하다가는 살아가기 위한 저축은 꿈도 꾸지 못할 것이다. 친모는 무감각해져야만 했다. 살아남기 위해서.

그러면 친모는 어떻게 이러한 무감각을 학습했을까? 어떻게 학습했는지를 알게 된 것은 로쟈 이현우라는 서평가를 알았을 때였다. 그의 책은 한 권도 읽지 않았지만 『로쟈의 한국문학 수업: 여성작가 편』의 목차를 본 순간 바로 알게 되었다.

> 고목에서 나목으로의 전환 / 근대적 주체의 원형을 보여주다 / 속물적 중산층의 일상을 예리하게 관찰하다 / 전쟁 트라우마를 극복하기 위한 삶의 탈구축 / 생존과 도덕 사이의 긴장

어렸을 적 친모가 박완서 소설을 즐겨 읽던 모습을 기억한다. 그리고 지금도 늘 집안에서 클래식 음악을 들으며, TV에 나오는 unicef 광고를 보며 '저기에 가입하면 돈이 제대로 가나?'라고 중얼거린다. 그리고 영화 〈덩케르크〉를 보며 등장인물들이 생존과

도덕 사이에서 생존을 선택하는 것에 열광하며, 영화 〈국가 부도의 날〉을 보며 그 와중에 부동산으로 자본을 증식하는 주인공들에 집중하며 그 사실에 초점을 맞춰 자식들을 교육한다.

품위 없는 시대

위로란 무엇일까? 내가 생각하는 위로란 승자가 패자에게 건네는 동정과 덕담이 아닐까 싶다. 개인적으로 기억나는 위로의 장면이 있는데, 그건 NBA 2007년 플레이오프 파이널 무대에서 팀 던컨이 이끄는 샌안토니오 스퍼스가 르브론 제임스가 이끄는 클리블랜드를 4:0으로 스윕 하면서 망연자실해 우는 르브론 제임스에게 다가가 건네는 위로 장면이었다.

"앞으로 이 리그는 너의 것이 될 것이다."

실제로 그 이후 르브론 제임스는 NBA ALL-TIME NO. 2에 등극하면서 시대를 지배했다. 이 장면을 보면, 위로란 승자가 패자에게 건네는 동정이자 덕담이라는 것을 알 수 있다. 그러면 위로라는 사실이 일깨워주는 건 무엇일까? 그저 자신이 패자라는 사실이다. 그래서 딱히 위로라는 걸 좋아하진 않는다. 하지만 최근에 기분 좋은 위로를 본 적이 있다. 2021년 4월 9일 jtbc에서 방송한 〈유명가수전〉이라는 프로그램에 아이유가 나왔는데, 그녀가 자신이 노래방에서 꼭 부르는 애청곡이 있다고 하면서 그 노래를 불렀다. 그 노래는 왁스의 〈황혼의 문턱〉이었다.

> 평범한 사람과 사랑하게 됐고
> 눈물겨웠었던 청혼을 받고
> 결혼식 하던 날 눈물짓고 있는 내 부모님
> 어느새 많이 늙으셨네

요즘 2030세대는 위로가 필요한 세대라고 한다. 하지만 그 이전 세대는 부모에게 위로를 건넸다. 적어도 앞선 세대는 부모세대를 누른 세대라는 의미가 아닐까 싶다. 민주화 세대는 산업화 세대에게 권력을 빼앗아 운동권이라는 강력한 권력집단을 만든 사실을 우리는 정치권에서 보지 않았는가? 하지만 우리 세대는 민주화 세대를 누르기 위하여 산업화 세대와 손을 잡았다. 무엇일까? 이 공허한 세대는 무엇일까?

이 공허함은 〈유명가수전〉에 나온 아이유가 〈Love Poem〉을 작사한 배경에서도 느껴진다.

> 힘내! 잘 될거야라는 말조차 듣는 사람에게 부담이 될 수도

있다는 걸 느꼈을 때였어요. 힘내라는 말도 조심스러워서 내가 응원하고 있다는 것조차 너는 몰라도 돼. 나는 기도소리처럼 묵음으로 할 거니까. 난 계속 네 뒤에서 너에게 안보이도록 기도하다가 네가 고개를 드는 그날에야 네 앞에 있을게.

〈유명가수전〉 아이유의 말 중

시대의 답답함이 느껴지는 말이다. 왜냐하면 과거 팀 던컨이 르브론 제임스에게 건네는 위로와는 결이 다른 발언이기 때문이다. '앞으로 이 리그는 너의 것이 될 것이야'라는 위로에는 언젠가 나는 물러나고 너의 시대가 올 것이라는 메시지 즉, 르브론 제임스가 팀 던컨에게 위로하는 시대가 올 것이라는 메시지가 함축되어 있다. 그래서 말할 수 있는 것이다. 실제로 르브론 제임스는 팀 던컨을 꺾고 2013 NBA 파이널에서 승리했다. 하지만 요즘 시대의 위로는 이런 품격이 드러나지 않는다. 아이유가 말하는 것처럼 기도소리처럼 묵음이 된 실체 없는 위로는 뭘까? 잘 될 거라는 말이 비수가 되어 묵음이 된 위로는 마치 영원한 패자에게 어울리는 위로로서 우리 세대를 반영한다.

I'll be there 홀로 걷는 너의 뒤에
Singing till the end 그치지 않을 이 노래
아주 잠시만 귀 기울여 봐

유난히 긴 밤을 걷는 널 위해 부를게

아이유, 〈Love Poem〉

'그치지 않을 이 노래' 즉 끝나지 않는 위로란 영원한 패자를 상징하는 듯하다. 참으로 해괴한 가사다. 위로에 관한 예의마저 사라진 시대, 이것은 팀 던컨처럼 품격 있는 윗세대와 르브론 제임스처럼 가능성이 충만한 아랫세대에서 나오는 멋지고 품위 있는 위로가 아니다. '앞으로 이 리그는 너의 것이 될 것이다.' 참으로 멋진 위로다.

영원한 패자를 위로하는 노래, 마치 장송곡이 울려 퍼지는 듯한 시대를 살아가는 2030세대는 최소한 이런 곡을 거절하는 마음만은 지녀야 하지 않을까. 적어도 우리를 억압하는 세대는 그랬다.

내 빛바랜 마음이 내 바램대로 더럽혀진 한 줌의 재로
내가 가엾게 엄마 나 울더라도 나를 감싸주지는 마
나 저 높이 나의 별을 놓아 내 약속을 돌릴 수 있을까
내가 받은 위로와 그 충고들은 모두 거짓말
어쩌면 다 모두 다 같은 꿈 모두가 가식뿐 더 이상 이 길엔 희망은 없는가
혹시 내 어머니처럼 나의 옆에서 내가 고개를 돌려주기만 기

다리는 건 아닐까

모두 같아 같아 같아

내가 엄마의 손등에 키스하길 바라는 건 이젠 욕심일까

굿바이

서태지, 〈제로〉

아이러니

교회에서 전도사 일을 하는 친구가 있다. 그 친구는 일반적인 제도권 교회의 성직자들과는 달리 꽤나 하드코어적인 성직자 생활을 하고 있다. 그것은 노숙자들과 함께하는 삶이다. 그 친구 덕분에 노숙자들로 대표되는 하위계급 사람들을 많이 접하게 됐다. 그리고 그들의 삶을 보면 관중의 격언이 절로 다가온다.

> "창고가 가득 차면 예절을 알고, 입과 옷과 먹을 양식이 풍족하면 영광과 치욕을 안다."
>
> 관중, 『관자』

봉준호는 관자를 읽은 걸까? 지젝의 언급대로 〈기생충〉에서 오히려 상위계급이 우아하게 묘사되지 않는가. 실제로 그들에게는 악취가 난다. 그리고 이 교회는 세 든 건물 입구에 그들의 냄새를 배게 만들어 임대인에게 쫓겨날 위기에 처했다. 늘 술에 취해 있는 건 다반사고 양치질도 하지 않아 치아는 절반이 빠져있는 상태다. 그리고 어지간하면 식사 자리에서 결제하지 않는다. 결제하는 순간에 쓱 사라지는 상황도 대부분이다. 그러다 보니 결제는 지갑의 여유가 있는 신도들의 몫이다. 하지만 이것은 개인의 비양심일까? 자본주의적 사회구조에서 이렇게 될 수밖에 없는 것은 아닐까? 솔직히 돈 없으면 훔치는 게 세상사의 당연한 도리라고 본다. 관중의 의견과 같이 품위와 예절은 곳간으로부터 온다. 어렸을 적 부모 지갑에 손 안 대본 이가 누가 있을까? 운이 좋아 부모 지갑에 손을 댈 수 있는 환경에서 자랐다.

근데 이 친구와 있으면, 가끔 나 자신이 비루해지는 순간이 온다. 언제 한번 부모님 차를 몰고 그 친구와 만난 적이 있는데, 문제는 그 친구와 놀면 노숙자분들이 출몰한다는 점이다. 그러면 그 친구는 습관적으로 노숙자분들에게 자신의 차에 타라고 권유한다. 근데 그날은 그 친구의 차가 아닌 내가 운전하는 친모 소유의 차를 타고 있었다. 순간 당황해서 차에 냄새가 배서 친모에게 혼날 수 있다는 걱정이 일었다. 다행히(?) 노숙자분들은 탑승하지 않고 가던 길을 갔다. 문제는 나의 자괴감이었다. '와 나 진짜 한심한 놈이었구나'라는 생각이 절로 들다가, '아니야. 내 소유의 차량이었으면 태웠을 거야!'라는 정신승리를 하면서 그 사건을 기억에서 잊었다. 문제는 그 후 어느 날이었다. 그날은 말하자면 사람 몸에서도 똥냄새가 난다는 걸 처음 알게 된 날이었다. 이분이 그 친구가 봉사하던 교회에 온 건 그 친구가 새 차를 리스한 지 얼마 되지 않은 날이었다. 문제는 새 차다. 그리고 상대는 똥냄새가 진동한다. 그리고 그 아이는 당연한 듯이 그분을 태우고 사우나에 보낸 뒤, 사우나 비용을 결제하고 나왔다. 그 광경을 보고 자연스럽게 인정했다. 얘는 나랑 다른 인종이라고 말이다. 그리고 그 차는 얼마 지나지 않아 수많은 방향제 냄새를 뚫는 똥이 되었다.

하지만 이 친구와는 언제나 의견충돌이 발생한다. 그리고 그건 신념의 차이에서 비롯된 것이어서 굉장히 첨예하게 대립하게 된다. 특히 코로나 시국에 그와 굉장히 첨예하게 대립했다. 이 친구가 섬기는 교단은 '하나님 기독교의 성회'(이 교단에 대해 알고 싶다면 미카엘 뢰비의 저서 '신들의 전쟁'을 읽어보기를 권합니다. 하나님 기독교 성회에 관한 이 책의 주장은 저의 의견과 거의 같이합니다.)라는 교단으로 복음주의를 대표하는 교단이다. 나는 장로교를 섬기는 신자로서 하나님 기독교 성회가 이해되지 않을 때가 많다. 물론 장로교라는 아이덴티티를 정밀하게 검층하면 일치하지 않을 거란 생각도 하지만 말이다.

교단의 특징일지 아니면 이 교회의 특징일지는 모르겠지만 이 교회는 신기하게도 아나키즘적 성질과 전체주의적 성질이 모순되게 혼재되어 있다. 예를 들어 코로나 사태 이후로 그 친구와 내가 첨예하게 대립한 논쟁은 정부가 현장예배를 금지하는 사안에 관한 것이며. 그 아이는 정부의 이 결정에 대하여 굉장히 분노했다. 그 이유는 현재 우리에게 보장된 자연권이란 기독교의 세속화 즉 '하나님이 주신 개인의 양심에 따라 종교의 자유를 지닌다'로부터 유래되었기 때문이다. 그래서 그 친구는 이 신념에서 비롯된 생각으로 국가가 나서 예배를 드릴 수 있는 개인의 자유를 침해한다는 사실에 엄청난 분노를 터트렸던 것이다. 조르조 아감벤도 「나는 마스크를 반대한다」라는 글을 발표해 코로나를 통해 국가가 생명시스템을 만들어 국민을 훈육한다고 경고한 것을 아마 그 친구가 가장 먼저 냄새를 맡았을 것이다. 그리고 정부가 교회에 벌금을 매기기로 했을 때 그 친구의 의견에 동의하고 말았다. 대안이 없기에 어쩔 수 없다는 의견을 표시했지만 말이다. 실제로 모든 정치적 집회는 코로나 사태 이후로 금기시되었다. 물론 지금도 전광훈 주도로 했었던 8·15집회에는 반감을 갖는다. 그러나 이 친구는 그 집회마저도 동조했다. 이 딜레마적 상황에서 우리는 어떤 주장에 손을 들어야 할까? 결국 집회는 사건의 경중을 보게 될 수밖에 없는 것 같다. 미얀마 시위에 코로나 따위가 뭔 대수인가. 하지만 성직자에게는 교회가 가장 우선적인 사안일 수도 있기에 그들이 엄청난 반대를 표할 수 있다고 여기지만 확실히 대면예배를 금지하는 것이 부당하다고 분명하게 말할 수도 없는 사안인 것 같다. 하지만 예배를 금지하는 것이 부당하다면 성소수자 집회에 관련해서 그들을 존중해야 하는 것이 아닐까? 왜냐하면 기독교란 철저히 인간이 신이 되지 않는 종교로서 인간의 유한함을 직시하는 종교이기 때문이다. 마치 모세가 홍해를 갈라 광야로 나아가는 신의 권능과 함께 가나안 땅을 밟지 못하는 한계를 동시에 지니는 것 같이 말이다. 개체는 타자 앞에서 정지해야 하는 순간에 늘 직면해야 한다. 그리고 만약 내가 타자를 무시하고 폭력을 전개할 수 있는 상황이 오면 신의 권능은 그들에게 임하게 해야 한다. 즉 그들이 우리를 정지시키도록 그들을 무섭게 만들어야 한다.

이것 말고도 그 친구와 다른 다툼도 있었다. 그것은 정말로 첨예하게 대립했으며, 대의민주주의에 대해 가장 근원적인 고민을 하게 된 다툼이었던 것 같다. '2020년 총선에서 누구에게 투표하는가'에 관한 논쟁이었다. 나는 당시 엄청 첨예하게 고민했다. 도저히 더불어민주당에게 투표할 엄두가 나질 않기 때문이었다. 하지만 동시에 정치무대에서 탄핵되어야 한다고 믿는 당시 국민의 힘의 전신인 미래통합당에 투표해야 하나 하고 딜레마에 빠졌다. 그렇게 누구에게 투표할 것인가라는 고민 중에 송파 갑에 낭보가 찾아왔으니 미래통합당 송파갑 후보가 유승민계의 김웅 후보라는 사실을 알았고 마음 편히 미래통합당에 투표했다. 그리고 그날 그 친구와 만났다. 하지만 무슨 연유인지는 모르겠지만 그날 그 아이가 미래통합당에 투표했다는 사실을 안 뒤에 짜증이 났다. 투표일에 만난 그 아이가 역시나 미래통합당에 투표한 사실에 화가 나, 찍은 경위를 따지듯 물었고, '결국 퀴어 문제냐?'라고 빈정대듯 물었다. 나는 때에 따라 은근히 상대를 몰아붙일 때가 있다. 그리고 그날 유독 몰아붙였고 몰아붙인 결과, 그 친구는 '종교세'에 찬동할 수 없다고 답했다. 하나님이 기거하는 곳에 세속의 원리가 돌아올 수 없다는 논지였다. 나는 '가이사의 것은 가이사에게 하나님의 것은 하나님에게'라는 복음서의 구절을 인용했고, 그는 이건 그 문제가 아니라고 답한 뒤, 하나님의 장소가 세속에게 검열당하는 순간 교회의 기능은 끝이라고 답했다. 이 친구가 봉사하는 교회는 굉장히 작은 교회라 돈과 관련된 문제는 아니라는 것을 강조한다. 종교세가 제정되는 순간 국가에서 지원받을 계급에 속할 성직자이니 말이다. 여기서 풀이해보면 교회에 내려오는 특유의 아나키즘적 신념인듯 하다. 하나님이 주신 양심에 따라 운영되는 교회에 국가체계가 간섭하는 것이 짜증나는 것이다. 즉 국가가 교회의 제정을 들여다보는 것을 심각한 자유권 침해로 보는 것이다. 일정부분 그의 의견에 동의하게 되었다. 아나키스트적 성향인 나로서는 공감할 수밖에 없는 논거이기 때문이며 그리고 가라타니 고진 선생도 교회라는 종교시설의 아나키즘적 중간사회를 논한바 있다는 사실이 생각났기 때문이다. 예를 들어 영화 〈1987〉을 보면 유독 민주화 운동이 교회, 성당, 절 등 종교시설에서 발생하는 것을 볼 수 있다. 민주화 운동을 하는 이들은 종교시설을 피난처 삼아 운동을 전개한다. 그렇다면 어떻게 종교시설은 민주화 운동가들에게 피난처가 될 수 있었을까? 내가 생각한 답을 찾자면 종교시설이 국가의 자본검열에서 벗어난 조직이기 때문일 것이다. 우리는 수많은 회사가 법망을 피해 자본횡령을 저질러 국가기관의 수사를 받는 것을 본다. 물론 이것은 정당한 국가기관의 개입이다. 그러나 좀 더 면밀히 살펴보면 국가기관의 개입은 사후적인 것이 아니라 사전적 관점에 선 예단으로 이뤄진다.

> "경찰은 법적 목적과 관련이 전혀 없는데도 법령에 의해 규제된 삶을 통해 무자비하게 괴롭히는 존재로서 시민을 따라다니거나 시민을 완전히 감시하거나 아니면 명백한 법적 상황이 주어져 있지 않은 무수히 많은 경우에 '치안 유지 때문에' 개입한다."
>
> 발터 벤야민, 「폭력비판을 위하여」

국가기관은 정황이라는 예단 하에 기업을 압수수색해 증거를 확보한 뒤 그와 관련된 인물들을 재판에 넘긴다. 자본주의 하에 자본의 검열이라는 기능을 지닌 국가기관은 그것을 바탕으로 정황이라는 막연한 상황에서 예단을 통해 자본을 검열할 권한을 지니고 있다. 자본의 축적은 인간이 타락할 가장 근본적인 조건을 지닌다. 그래서 자본으로 축적된 조직이 설립한 곳에서 완전히 부패하지 않음을 찾는다는 것은 하늘의 별 따기일 것이다. 그래서 자본의 검열은 반드시 필요하다. 그러나 역설적으로 이것을 통해 국가기관이 무분별한 폭력의 여지를 열어두는 것도 자본의 검열 권한이다. 우리는 과거 보수정권의 예단을 통해 이뤄진 국가 수사에 의해 노무현 대통령의 죽음을 경험한 바 있다. 이러한 사실들에 비추어 봤을 때 만약 1980년대 당시 국가기관이 종교시설의 자본을 검열할 권한이 있었다면 종교시설은 그들에게 피난처 역할을 할 수 있었을까? 불가능했다고 본다. 이러한 이유로 나는 '종교세'에 반대한다. 그래서 국가기관이 지닌 자본을 검열하는 기능이 양면으로 작동하는 이유로 이미 대형교회가 있는 대로 깽판 친 마당에, 교회 바깥에 있는 사람들에게 설득을 구할 수 있는 논지냐는 것이 문제로 떠올랐지만 동의된 마당에 더 이상 논지를 깊게 전개할 이유가 있겠는가. 미래통합당을 뽑은 일을 다그치는 것을 그만두고 다른 쟁점으로 넘어갔다.

그에게 다시 물었다. LH사태로 인해 이런 논지를 전개하는 것이 웃기기는 하겠지만 나는 그 당시 종교세로 인해 더불어민주당을 거부하는 이유는 알겠다고 답한 뒤 '하지만 더불어민주당은 빈민을 위한 시늉이라도 한다. 너희 교회의 노숙자분도 LH 공공주택 정책으로 인해 노숙자에서 벗어나 주거를 획득하지 않았나?'로 쟁점을 옮겼다. 그래서 노숙자분들이 주거를 얻는 것보다 논쟁의 여지가 있는 종교세가 더 중요하냐고 물었고 친구는 쉽게 답하지 못했다. 쉽게 답하지 못하니, 이상한 말이 나올 수밖에 없었다. 그는 내 물음에 이은 답변으로 국가가 아닌 교회가 해결해야 한다고 친구가 답한 것에 나는 바로 반박했다. '너희 교회가 국가 대신에 집 사줄 수 있어?'라고 말이다. 반론하기 어려운 질문이었을 것이다. 근데 문제는 그 이후의 답변이었다. 그 친구는 '어차피 세상은 희망이 없다. 나의 사명은 그분들을 회개시켜 천국에 보내는 것'이라고 답한 것이다. 아직도 어처구니없는 답변이라고 생각한다. 나는 이 발언에 굉장히 화를 내면서, 과거에 이런 말을 한 연유를 몰랐었던 마르크스의 격언이 떠올랐다. '종교는 인민의 아편이다.' 아편은 여기서 마약이 아닌 마취제로, 마르크스가 이 말을 한 의미는 혁명을 통해 현실에서 구원받아야 하는데 구원의 문제를 피안의 세계로 가져가 현실에서 구원받지 못하고 피안의 세계에서 구원받을 것을 약속받으며 현실에 순응하며 살아간다는 논지다. 그래서 억압받는 6일의 시간을 견디고 주일날 교회에 와 성직자들에게 하루 사랑받고 다시 6일을 억압받으며 살아가는 것이다. 이 사건으로 인해 엄청난 내면의 갈등을 겪었다. 추후에 야콥 타우베스의 저서 '바울의 정치신학'을 보기 전까지 엄청난 딜레마를 겪었던 것 같다.

그러나 무엇보다도 이날의 대화를 통해 나에게 더욱 명확해진 신념이 생겼다. 그것은 대의민주주의에 관한 근본적인 의문이다. 그리고 대의민주주의는 모든 민중을 억압한다고 확신했다. 전도사의 직분을 가진 이 친구는 누구보다 노숙자 곁에서 헌신하며 살아가고 있다. 하지만 이 친구는 도착에 빠진다. 공공주택 보급에 관한 정책에 투표하지 않는 것이다. 굉장히 어이가 없는 상황이 실제로 벌어진 것이다. 정당 정치시스템에서 '공공주택 보급을 확대하는'이라는 술어를 지닌 정당은 더불어민주당이다. 그리고 '종교세 도입에 반대하는'이라는 술어를 지닌 정당은 미래통합당이다. 이 친구에게는 두 가지 술어가 모두 있다. 하지만 정당시스템에서 개인은 어떻게 해야 하는가? 두 가지 속성의 술어 중 하나를 버려야 한다. 그런 방식으로 개인은 쪼개지고 하나의 정당이 가진 모든 술어에 일치되게 한다. 여기서 우리는 대의민주주의가 개인에게 억압된 정치체제라는 사실을 알 수 있다. 대의민주주의란 정당이 가진 하나의 술어에 감정을 이입하면서 정당이 가진 모든 술어를 기입당하는 체제다. 이것 말고는 내 친구의 분열증이 설명되지 않는다. 노숙자를 위해 사는 이가 노숙자를 위한 정책에 반대하는 상황이 말이다.

지식인의 초상

"애덤 스미스의 자유주의는 자유방임을 말하는데, 구체적으로 그것은 국가의 개입을 제한하는 것입니다. 그는 cheap government라는 것을 말했습니다. 스미스는 단지 cheap한 정부를 말한 것이 아니라, 국가가 불필요하다는 것입니다. (…) 대륙에서는 루소의 경우가 한 전형인데, 국가는 일반의지로서 또는 국가이성으로서 존재합니다. 루소는 '자유의 사상가'라고 불리지만, 그는 '국가의 사상가'이기도 합니다. 예를 들어, 국가와 자유를 대립시키는 것은 잘못이며, 개인은 국가에서 진정으로 자유라고 말한 헤겔도 루소를 이어받고 있는 것입니다."

가라타니 고진, 『문자와 국가』

"우리는 저마다 신체와 모든 힘을 공동의 것으로 삼아 일반의지의 최고 지도 아래에 둔다. 그리고 우리는 구성원 하나하나를 전체와 나누어질 수 없는 일부로서 받아들인다. 이 결합 행위는 곧바로 특정한 계약자 하나하나를 대신하여 하나의 정신적이고 집합적인 단체를 만들어 낸다. 이와 같이 모든 사람들의 결합으로 형성되는 이 공적인 인격은, 예전에는 '도시 국가'라고 불렸으나 지금은 '공화국' 또는 '정치체'라고 불린다."

장 자크 루소, 『사회계약론』

처음으로 읽은 철학자의 책은 질 들뢰즈의 저서들이다. 딱히 특별한 이유에서 선택한 건 아니고, 그의 저서『천의 고원』이라는 책의 제목이 너무 고상하면서도 예뻤기 때문이다. 근데 구입한 후에 대략난감이었다. 분명 단어들은 아는데 이 책에 나오는 단어들이 문장이 되는 순간 이해가 안 되는 놀라운 경험을 한 것이다. 책 가격은 5만원에 육박했고 돈 낭비를 경험하기 싫어하는 나로서는 배보다 배꼽이 더 큰 지출을 감행하기 시작했다. 그래서 알게 된 사람이 철학자 이정우이고 그가 말하길『천의 고원』을 읽기 전에『차이와 반복』을 읽으면 좋다는 말에 이 책도 구매했다. 놀라운 사실은 이 책도 난이도가 똑같았다는 것이다. 똑같은 경험이 데자뷔처럼 이뤄지자 궁금증이 도졌다. 도대체 한글로도 읽기 어려운 이 책을 번역한 대단한 놈은 누굴까라는 생각과 동시에 눈에 들어온 이름이 '김상환'이었다.

자연스럽게 대단한 이름으로 체험한 탓일까, 그의 저서는『철

학과 인문적 상상력: 헤겔 만가』만 읽었지만 네이버에서 연재하는 그의 에세이들은 항상 챙겨본다. 하지만 「선거철 단상」이라는 에세이를 읽었을 때는 짜증이 섞였다. 결국 국가주의를 선택하는 대의민주주의로 향하는 글이었기 때문이다. 참으로 좋은 글이었다. 모든 게 내 생각과 일치했다. '중도주의'와 '대의민주주의'만 빼면 말이다. 철학자 김상환은 4차 산업혁명과 젊은이들의 새로운 정치적 활동의 패러다임을 목격하고서도 결국 '일반의지'로 향한다.

그는 정치학자 최장집의 저서 『양손잡이 민주주의』를 읽고서 새로운 시대의 패러다임을 언급한다.

> "특히 정치를 규범적으로 접근하던 기성세대의 철 지난 민주주의를 지적하는 대목이 인상적이었다. 시대는 바야흐로 이념적인 문제를 버리고 사적인 삶의 문제를 공론장으로 끌어들이는 개인들로 채워지기 시작했다는 것이다."
>
> 김상환, 「선거철 단상」

나는 이념의 시대가 지났다는 그의 생각에 동의한다. 이러한 이유로 나는 비트겐슈타인의 『철학적 탐구』에 주목하고 있다. 비트겐슈타인은 인간은 '술어들의 다발'에 불과하다는 통찰에 이른다. 그래서 나는 비트겐슈타인의 '모세는 없다'라는 주장이 '이념은 없다'라는 말과 통한다고 생각한다. 왜냐하면 이념은 여러 가지 행정명령 혹은 법들을 다발로서 실현하는 하나의 몸체로 이뤄진 실체로서 모든 사안 혹은 법들을 독립적이지 않고 연동되는 형식으로 보게 한다. 또한 그는 4차 산업혁명이라는 유물론적 혁명을 목격한다. 그리고 그는 군룡의 이미지와 함께 아나키스트적 이미지에 이른다. 이 이미지는 모든 사안들을 연동된 형태가 아니라 비대칭적이고 각각 독립적으로 보게 한다.

"군룡은 여러 가지 용이 무리를 이루고 있는 상태를 말한다. 물속에 잠겨 있는 잠룡, 세상에 모습을 나타낸 현룡, 하늘을 호령하며 나는 비룡, 끝까지 높이 오른 항룡이 하나의 무리를 이룬다는 것인데, 이 용의 무리에 대해 본문은 이렇게 풀이한다. '여러 마리의 용이 나타났으되 우두머리가 없으면 길할 것이다. (…) 이 문장은 여러 가지로 해석할 수 있지만, 집단적인 지도체제의 우월성을 암시하는 말로 읽을 수 있다. 서로 다른 용이 중심을 자처하지 않고 서로 양보하며 조화를 이룰 때, 그럴 때만 시중의 지혜에 이르고 중용의 실천으로 나아갈 수 있다는 것이다. 중국에서 마오쩌둥 이후 덩샤오핑이 일인 독재체제에 종언을 고하고 집단 지도 체제를 선택할 때 영감을 불어넣어준 것이 이런 문장 아닌가 한다.

그러나 우리는 그 문장을 현대의 대의민주주의 관점에서 해석할 수도 있다. 이때 무리를 이루는 각각의 용은 분화된 사회적 영역이나 기능을 대표하는 정치 지도자로 볼 수 있다.

서로 다른 집단의 관점과 이해관계를 대변하는 인물들이 변화하는 상황에 따라 새롭게 균형을 일으켜 세우는 모습을 우리는 군룡의 이미지 속에서 읽을 만하다. 그것은 달라진 역사적 현실에 부합하여 새롭게 일반의지를 산출하는 모습일 수도 있다."

김상환, 「선거철 단상」

하지만 주지했다시피 문제는 대의민주주의란 정당이 가진 하나의 술어에 감정을 이입함으로써 정당이 가진 모든 술어를 기입당하는 체제다. 내 친구는 노숙자를 위해 봉사하지만 노숙자를 위한 제도에 반대하는 술어가 기입당한다. 다시 말해 이 분열적 증상은 자신이 지지하는 정당이 소유한 술어가 강제로 기입당해 벌어진 현상이다. 철학자 김상환은 정치가 이념이 아닌 사적인 삶의 문제를 공론장으로 끌어들이는 개인들로 채워지기 시작했다는 패러다임의 변화를 목도한다. 하지만 일반의지로 대변되는 대의민주주의 체제는 사적인 삶의 문제를 가진 개인들로 채워질 수 없다. 사적인 삶의 문제를 사적인 자들이 법으로 생산할 수 없는 대의민주주의 체제에서는 주체가 될 수 없으며, 정당이라는 나와 무관한 술어들의 다발이 자신의 삶에 기입되기 때문이다.

즉 정당이라는 시스템은 그 자체가 이념적이며, 억압적인 정치체제다. 우스운 글이다. 시대의 변화를 목격하고도 기존 체계로 향하는 이 아이러니에 나는 실소를 머금었다. 또한 그는 중용이라는 멋진 새로운 정치 패러다임을 들여온다.

> "이념형 원리주의로부터 우리를 지켜줄 만한 것으로 일상의 실천을 중시하는 중용의 지혜만 한 것도 없을 것이다. 중용의 지혜는 한마디로 실용주의적 지혜다. 영원히 변하지 않는 본질이나 항구적인 원칙으로 행세하는 진리는 중용의 지혜 앞에서는 어떤 극단적인 것으로, 따라서 지양해야 할 대상으로 전락한다.
>
> 중용이 어떤 한결같은 균형을 말한다면, 그 균형은 한번 정해지면 항상 유지해야 할 균형이 아니다. 그것은 상황에 따라 늘 새롭게 산출되어야 하는 균형이다."
>
> 김상환, 「선거철 단상」

대의민주주의 하에서 상황에 따라 새롭게 균형을 산출할 수 있을까? 하나의 술어에 감정을 이입해 나와 무관한 다른 모든 술어를 기입당하는 정치체제에서 말이다. 2020년 선거에서 조국사태라는 새로운 상황은 무시되면서 코로나 이슈에 의해 더불어민주당의 180석 승리로 끝났고, 2021년 재보선 선거에선 페미니즘이슈가 20대 남성들의 승리로 끝났다.

대의민주주의란 종교와 같다. 마르크스가 화폐의 종교성을 비판하듯 말이다.

> "상품과 화폐에는 '무한한 질적 차이(키에르케고르)가 존재한다. 고전경제학은 이 차이를 지워버렸다. 이는 신이라는 초월성을 합리적인 이해의 내부로 소멸시켜버렸다는 말과 같다. 다시 말해 마르크스는 경제학 내부에 화폐라는 외부성=초월성을 '재도입'했던 것이다. 경제학에 근거한 시장 경제 체계의 규칙성(즉 반복된 법칙성)은 물리학적인 것이 아니다. 이 규칙성은 반복할 수 없는 것의 반복, 즉 사전에 어떠한 법칙도 존재할 수 없는 '파는' 과정이 개개의 상품(단독자)에 존재하기 때문에 사후적으로 성립하여 우리에게 그렇게 보이는 것이다."
>
> 가라타니 고진, 『탐구1』

대의민주주의는 모두 각각 질적인 차이들을 지닌 단독적인 법들과 행정명령들을 하나의 몸체로 통합한 정당이라는 초월성으로 지워버린다. 그리고 이상한 법이나 행정명령을 일반의지로 실현할 때 그것을 거부할 수 없으며 5년이나 4년의 시차를 지닌다. 일반의지로 대표되는 정치제도 속에서 과연 중용의 원리, 사적인 삶의 정치를 행할 수 있을까? 불가능하다고 본다. 모든 것이 정당이라는 체제로 수렴되는 종교적인 정치제도 속에서 말이다. 그는 문턱에 진입하고 돌아선 듯하다. 대의민주주의라는 법 앞의 문지기에게 가로막혀서 말이다.

예언

기성 육법전서를 기준으로 하고
혁명을 바라는 자는 바보다
혁명이란
방법부터가 혁명적이어야 할 터인데
이게 도대체 무슨 개수작이냐
불쌍한 백성들아
불쌍한 것은 그대들뿐이다
최소한도로
자유당이 감행한 정도의 불법을
혁명정부가 구육법전서를 떠나서
합법적으로 불법을 해도 될까 말까 한
혁명을—
불쌍한 것은 이래저래 그대들뿐이다
그놈들이 배불리 먹고 있을 때도

고생한 것은 그대들이고

그놈들이 망하고 난 후에도 진짜 곯고 있는 것은

그대들인데

불쌍한 그대들은 천국이 온다고 바라고 있다

김수영, 「육법전서와 혁명」 중

김수영의 시에서는 촛불혁명이라고 일컬어지는 혁명을 가장한 혁명의 체험이 미리 보인다. 2016년 촛불혁명을 통해 박근혜를 탄핵했을 때 나 또한 새로운 시대가 도래하리라 여겼다. 한낱 판타지에 불과했지만 말이다. 도올 김용옥으로 대표되는 지식인들의 오류 덕분일까. 그는 초법적인 상황이 거국내각과 다를 바 없다고 했다. 그래서 김수영의 육법전서와 혁명은 더욱 크게 다가온다. 물론 그가 주창한 민중에 의한 하야와 달리 민중이 주체적이지 않은 헌법재판소에서 탄핵으로 귀결됐다는 변명이 있긴 하지만 말이다. 그럼에도 불구하고 김수영이 지적한 구 육법전서와 거국내각이 뭐가 다른지 모르겠다.

「육법전서와 혁명」에는 재미난 구절이 있다. '합법적으로 불법을 해도 될까 말까 한 혁명을'의 의미는 무엇일까? 의미가 생성되지 않는 모순적 언어이다. 그래서 해석해보기를 내 생각에는 김수영의 고민이 드러나는 부분이라 생각한다. 딱히 민주당이 집권하는 것 말고는 대체재가 없기 때문이다. 우스운 건 이놈들이 '집

시법'을 만들어 제정하려고 시도했고 또한 '반공법'을 제정했다는 사실에도 불구하고 말이다. 김수영은 답답했을 것이다.

> 우리들의 전선은 눈에 보이지 않는다
> 그것이 우리들의 싸움을 이다지도 어려운 것으로 만든다
> 우리들의 전선은 당게르크도 놀만디도 연희고지도 아니다
> 우리들의 전선은 지도책 속에는 없다
> 그것은 우리들의 집안 안인 경우도 있고
> 우리들의 직장인 경우도 있고
> 우리들의 동리인 경우도 있지만 ……
> 보이지는 않는다
>
> 우리들의 싸움은 하늘과 땅 사이에 가득차 있다
> 민주주의의 싸움이니까 싸우는 방법도 민주주의적으로 싸워야 한다
> 하늘에 그림자가 없듯이 민주주의의 싸움에도 그림자가 없다
>
> 하 …… 그림자가 없다

김수영, 「하 그림자가 없다」

시인 김수영은 거제도 포로수용소에서 이미 북한 공산주의 정권에 대해 몸속 깊이 체험을 한 마당에 공산주의에 대한 희망 따윈 이미 저버린 지 오래인 사람, 그래서 그는 이미 4·19의 몰락과 함께 역사의 종언을 본 것이 아닐까 싶다. 현시대의 우리가 체험하듯 말이다. 김수영은 예외를 창출한다 한들 그 예외가 상례로 기능하기 위한 언어게임이 부재한 현실을 이미 4·19 이후에 느낀 지식인이었다. 그래서 '합법적으로 불법을 해도 될까 말까 한'이라는 기묘한 어구를 사용했다고 생각한다. 여전히 우리 시대에도 행정부와 입법부는 늘 우리와는 독립적으로 법과 명령들을 생산해내는 중이다. 우리는 부당한 것들을 정지하기에는 너무도 어려운 현실적 조건들에 처해있다

예견된 사태

"그들 스스로 대표할 수 없고, 누군가에 의해 대표되어야 한다. 그들의 대표는 동시에 그들 위에 군림하는 권위로, 그들의 지배자로, 그리고 그들은 다른 계급으로부터 보호해주고 그들에게로부터 비와 햇빛을 선사하는 무제한적인 행정권력으로 나타나야만 한다."

칼 마르크스, 『루이 보나파르트의 브뤼메르 18일』

나는 어렴풋이 1933년에 대의민주주의 시스템에 의해 아돌프 히틀러가 집권한 사건으로 인하여 대의민주주의가 그때 이미 시효를 다한 것이 아닐까 생각했었다. 그러나 칼 마르크스가 쓴 『루이 보나파르트의 브뤼메르 18일』에서 1851년 루이 보나파르트가 황제가 된 과정을 보면서 1851년에 이미 대의민주주의는 시효를 다했다고 다시 생각했다. 물론 파괴왕 아돌프 히틀러의 상징성을 무시할 순 없지만.

아돌프 히틀러는 어떻게 선거를 통해 집권을 할 수 있었을까? 그것은 루이 보나파르트가 나폴레옹 3세 황제가 된 것에서 유추해 살펴볼 수 있다.

"중간계급의 사업인 산업과 무역은 강력한 정부 아래에서라면 온실 속에서처럼 번성한다. 셀 수 없이 많은 철도이권이 양도된다. 하지만 무엇보다 룸펜프롤레타리아의 두목인 보나파르트 자신이 부자가 되어야 한다. 그 출발점은 철도이권을 가지고 증권거래소에서 담합하는 것이다. 철도를 위한 어떤 실제자본도 나타나지 않는다. 철도주식 지분에 대해 그를 대신해 선불로 지급해주는 것은 은행의 임무다. 이처럼 은행을 사적인 목적으로 이용해 먹기 위해서는 어느 정도 그들을 구워삶을 필요가 있다. 해당은행은 업무를 매주 공개하도록 한 의무에서 제외시켜주는 대신 정부에게 이익을 일방적으로 몰아주는 계약이 체결된다. 국민들에게는 일자리가 주어져야 한다. 공공사업의 개시 그러나 공공사업은 세금측면에서 국민의 부담을 가중시킨다. 따라서 종래 5부 이자를 4부 5리 이자의 공채로 전환하여 금리생활자를 그 정도로 공격하는 것에 의해 세금감면이 이루어진다. 그러나 다시 한 번 중간계급에게 떡고물이 돌아가야 한다. 따라서 소매로 술을 사는 인민들을 위해서는 주세를 두 배로 올리고, 도매로 마시는 중간계급에게는 주세를 반감해준다. 현실의 노동자 조직은 해체되지만, 미래에는 기적과도 같은 조직이 약속된다. 농민들도 도움을 받아야만 한다. 저당은행들이 농민의 재산을 부채로 전환하고 토지 소유의 집중을 가속화한다. 또한 이 은행들은 오를레앙가에서 몰수한 영지를 현금화하는데도 이용되어야 하지만, 어떤 자본가도 포고령에도 나와 있지 않은 이런 조건에 동의하기를 원하지 않는다. 그래서 그 저당은행은 단지 포고령에만 남아 있다 등등.

한마디로 보나파르트는 모든 계급에게 가부장적 은인으로 비춰지기를 바랄 것이다. 그러나 그는 어느 한 계급을 착취하지 않고서는 어느 계급에게도 시혜를 베풀 수 없다."

칼 마르크스, 『루이 보나파르트의 브뤼메르 18일』

보나파르트는 모든 계급의 대표자로 출현하기를 원했으며, 실제로 황제가 되어 그것이 가능해졌다. 그 이유는 대표자들이 보나파르트가 소유한 하나의 술어에 감정을 이입한 결과였다. 즉 강력한 행정부가 자신이 바라는 소망을 해결할 것이라는 희망으로 모든 계급이 거기에 감정을 이입하면서 나폴레옹 3세가 탄생한 것이다. 루이 보나파르트는 여러 행정명령을 생산하고 장악한 하나의 몸체다. 그리고 민중은 행정명령을 생산할 수 없다. 그래서 마르크스는 루이 보나파르트 행정부가 사적인 목적으로 대중을 이용해 먹기 위해 구워삶았던 일들을 적고 있다. 공공사업을 통한 일자리 창출, 주세 감면, 금리 인하 등 여러 방면으로 보나파르트의 술어들을 창출하여 감정이입하도록 한다. 그리고 이것들을 일반의지로 실현시킬 주권자로 등장한다. 그러나 마르크스가 지적하듯 어느 한 계급을 착취하지 않고서는 모든 계급에게 시혜를 베풀 수 없다. 다시 말해 모순된 계급들을 모두 대표할 수는 없다.

그렇다면 모든 자를 대표하려면 어떻게 해야 할까? 한 국가에서 대표되지 않는 계급을 찾거나 혹은 만들어서 그들을 착취하는 것이다. 그것은 흔히 국내의 소수자들, 국가의 바깥, 외국이다.

> "자본은 전 지구 차원의 생산수단과 노동력 없이는 꾸려 나갈 수 없으며, 축적 운동을 방해받지 않고 전개하기 위해 지구 전역에서 천연자원과 노동력을 필요로 한다. 하지만 천연자원과 노동력의 압도적 다수는 실제로 전 자본주의적 생산형태들 범위에 존재하기 때문에—이것이 자본축적의 역사적 환경이다—이로부터 모든 지역과 사회들을 지배하기 위한 자본의 격렬한 갈망이 발생한다."
>
> 로자 룩셈부르크, 『자본의 축적』

로자 룩셈부르크는 자본주의는 국내의 축적으로 인한 이윤율 하락에 직면하여 불황을 타개하기 위해 새로운 시장과 저임금 노동력을 찾아야 하기 때문에 국가의 제국주의화로 귀결될 수밖에 없다고 보았다. 동시에 국내에서도 어느 순간 일국의 유효수요가 더 이상 창출되지 못해 공황에 직면하면 어느 계급을 희생시켜야 한다. 그때 강력한 행정부를 주창하는 히틀러가 등장해 국내의 소수자 유대인을 희생시킨다. 그리고 아우토반을 일으켜 유효수효를 창출해 실업을 해결한다. 대중들은 실업에서 해방되어 열광한다. 그렇게 유대인 학살과 아우토반은 연동되어 같이 히틀러라는 하나의 몸체에서 움직인다. 하지만 일시적인 국내적 방법의 한계에 직면하여 이것을 지속시키기 위해 해외로 눈을 돌린다. 그래서 히틀러는 또 다른 유효수효를 찾기 위해 제2차 세계대전을 준비한다. 아우토반 건설이라는 하나의 술어에 감정이 이입된 독일인에게 동시에 '유대인 학살을 하는'과 '제2차 세계대전을 일으킨'이라는 술어들도 박히는 것이다.

하나의 술어에 감정을 이입하여 정당이 지닌 모든 술어가 기입되는 현상은 현재의 대의민주주의 시스템에서는 과연 다를까? 고찰해보면 조건은 같다고 답하겠다. 그리고 민중은 어느 순간 자신의 욕구가 충족되면 무감각해질 준비를 하고 있다. 왜냐하면 민중은 정당이 생산한 술어에 감정을 이입하는 존재이지 생산하는 존재가 아니기 때문이다. 그 결과 역설적으로 타자성을 지니는 의무마저도 정당에게 전도된다. 즉 민중에게 타자성은 요청되지 않는다. 그래서 타자를 지키는 술어 생산 또한 정당이 독점하기 때문에 민중은 정당에게서 자신을 지키는 술어만을 바라보게 될 의무만을 지닌다고 생각한다. 이러한 구조에서 비롯되는 파국의 결과는 어떤 소수자 집단이 하나의 술어마저도 감정을 이입할 수 없는 사태가 일어난다는 것이다. 그 당시 독일에서 유대인은 하나의 술어에서라도 감정을 이입할 수 있는 정당이 부재했었다.

We are one in the World!

문재인 정부 시절 남북관계가 회복되던 시기가 있었다. 이 관계에 불을 붙여준 것은 도널드 트럼프 전 미국 대통령이었는데, 그 당시 도널드 트럼프를 대하던 유시민의 태도가 참 재미있었다. 유시민은 당시 출연하던 썰전에서 트럼프에 대해 이렇게 말했다.

> "트럼프 대통령이 한반도 평화만 지켜준다면 욕 안 하고 지지한다."

이 말이 하나에 술어에 감정을 이입하면서 트럼프의 모든 술어가 기입되는 현상의 대표적인 사례 아닐까? 2020년 총선 당시 민경욱 전 의원은 트럼프 전 대통령이 선거 결과에 불복하자 자신의 부정선거 주장에 동조해 도널드 트럼프의 '대선불복을 주장하는'이라는 술어를 지지했고, 김어준 또한 '북미정상회담을 하는'이라는 술어에 동조해 트럼프를 지지했다. 이 현상을 관찰하던 철학자 진중권은 칼럼에서 이 두 사람에게 쏘아붙였다.

> "흥미롭게도 정치적으로 대척점에 있는 김어준과 민경욱이 모두 트럼프의 불복을 지지하고 나섰다. 극과 극은 통하나 보다.
>
> 민 전 의원은 이제 트럼프도 '4·15부정선거가 단지 의혹이나 음모론이 아니라고 느낄 것'이라며 민트동맹을 제안했다. 남북 대화가 계속되기를 원하면 바이든을 찍지 말라던 김어준은 방송에서 묘한 멘트를 날렸다. '선거는 바이든이 이겨도 대통령직은 트럼프가 유지하게 될 수 있을지도 모릅니다.' 실제로 누가 이겼든 대통령은 트럼프가 해야 한다는 이야기다."
>
> 진중권 「진중권 퍼스펙티브」

세계사적인 차원에서 모두를 대표하는 자가 출현했다. 민경욱과 김어준 혹은 유시민은 그가 생산한 여러 술어들 중 하나의 술어에 감정을 이입하여 트럼프의 모든 술어들을 기입 당한다. 극과 극은 이렇게 하나의 몸체에서 하나가 된다. 창피한 사실이지만 남북대화에 이어 북미대화가 진행됐을 때는 나 또한 저들과 같았다. 술어를 생산할 수 없다는 비극은 이것이 아닐까 싶다. 우리는 술어를 생산하는 초월자의 모순을 받아들임과 동시에 초월자가 타자를 배척하는 술어에 무감각해지며 자신에게 관련된 술어에만 감정을 이입한다.

영겁회귀

"집권 3년이 채 안 됐건만 보이는 풍경이 벌써 낯익다. 언젠가 본 것 같지 않은가. 그렇다. 드루킹의 매크로는 그전엔 십알단의 댓글이었다. 김태우의 처벌은 이석수의 파면이었고, 조국의 사찰무마는 우병우의 직권남용이었다. 윤석열의 수난은 채동욱의 수모였고, 윤 총장을 노린 한겨레의 저격은 채 총장을 날린 조선일보의 폭로였다. 청와대의 선거개입은 국정원의 대선공작이었고, 황운하의 충성은 김용판의 충정이었다. 조민의 표창장은 정유라의 금메달이었고, 고대생들의 항의는 그전엔 이대생들의 시위였다.

대리시험이 오픈 북이라던 유시민은 그전엔 '주어가 없다'던 나경원이었다. '문프께 모든 권리를 양도해 드렸다'는 공지영은 그전엔 '나라를 팔아먹어도 1번'이라던 어느 경상도 아낙이었다. '강남에 건물을 소유하는 꿈을 꾸는 게 유죄냐'는 안도현은 그전엔 '강남이 일궈온 성공과 가치를 무시하는 사람들이

> 정권 잡는 끔찍한 상황을 피하려 악착같이 투표장에 간다'던 어느 대치동 사내였다. 서초동 조국기부대는 그전엔 헌재 앞 태극기부대였고, 그보다 훨씬 전엔 이승만 박사의 출마를 청원하던 우마차 부대였다."
>
> 진중권, 『진보는 어떻게 몰락하는가』

철학자 진중권이 쓴 재미난 글이다. 박근혜 정부 때 벌어졌던 사건이 문재인 정부에서 영겁회귀처럼 다시 발생한 것을 지적한 글이다. 하지만 기시감이 들면서 짜증이 몰려온다. 왜냐하면 우리는 이 사건들을 중지할 수 없기 때문이다. 우리는 무언가를 바꾸기 위해 5년 혹은 4년의 시차를 지닌다. 다시 말해 우리는 잘못된 것을 즉결 처분할 수 없다. 이 지연된 시차 속에서 모든 것은 우리를 거슬러 진행된다. 하지만 지대한 시간의 간격을 인내하며 견뎠더니 우습게도 이 부패들은 변하지 않고 반복된다.

과잉

“자선단체를 창설한다는 구실로 파리의 룸펜프롤레타리아들이 비밀지부 형태로 조직되었다. 각 분파는 보나파르트 대리인에 의해 지도되었으며, 보나파르트파의 한 장군이 전체 조직의 우두머리로 있었다. 모호한 생계수단과 모호한 출신성분을 지닌 타락한 무위도식자들 그리고 파산한 부르주아 계급의 일군의 모험가들과 함께 부랑자, 제대군인, 출옥범죄자, 탈출한 강제노역자, 사기꾼, 협잡꾼, 거지, 소매치기, 사기도박사, 노름꾼, 포주, 짐꾼, 문인, 삼류문사, 거리의 악사, 넝마주이, 칼 가는 사람, 땜장이, 걸인, 요컨대 모호하고 뿔뿔이 흩어져 있는 대중, 이 다양한 분자들로 보나파르트는 12월 10일 회의 핵심을 구성했다. 이 자선단체는 보나파르트의 두목이 된 보나파르트, 룸펜 프롤레타리아에게서만 자신이 개인적으로 추구하는 이익을 대량으로 찾아내는 보나파르트, 이것이야말로 진정한 보나파르트의 모습이며, 있는 그대로의 보나파르트다.”

루이 보나파르트는 60만 프랑으로 책정되어 있던 그의 봉급을 후에 216만 프랑으로 대폭 인상했다. 그리고 그는 파리의 부랑자들을 고용해 룸펜 프롤레타리아들 다시 말해 정치깡패를 조직했다. 이들은 루이 보나파르트의 친위부대가 되어 그의 정치를 보좌했다. 행정부에 집중된 돈은 자연스럽게 행정부가 자신을 위해 맹목적으로 활동할 사람들을 고용할 수 있는 바탕이 된다. 이 자본을 바탕으로 시민단체, 지식인을 어용으로 만들어 이들이 행정부를 맹목적으로 대변하는 것을 '조국사태' 때 목격했다. 국가의 역할이 거대해질수록 자본은 행정부에 집중되어 행정부를 비대하게 만든다. 비대해진 행정부는 그 자본을 바탕으로 부패해질 가능성이 농후해진다. 그리고 그 부패함에 제동을 걸 브레이크마저 없앨 힘마저도 가진다. 현시대의 나타나는 어용 시민단체와 지식인, 그리고 검찰의 무력화 등은 마르크스가 살아가던 19세기에 이미 나타난 사태들이다.

집중된 권력은 마르크스의 지적대로 자연스럽게 국가의 일반의지를 형성해 민중을 길들인다. 왜냐하면 집중된 권력이 탄생하는 순간부터 싸움이 힘들어지기 때문이다. 예를 들어, 1명이 100명을 고용하면 1명은 100명의 힘을 지닌다. 100명의 힘을 지닌 1명은 1명과 대적한다. 자연스럽게 연대되지 않은 이들의 대결은 1

대 100의 구도로 형성되는데, 1명이 이 100명과 대적하기 위해서는 100명과 연대해야 하지만 이는 쉽지 않다. 이 1명은 100명을 고용할 자본이 없기 때문이다. 그래서 집단이 1000명이라도 이 집단 전체 구성원들이 개인으로서 조직된 100명과 마주하면 패배하게 된다. 비록 이들을 이길 수 있는 899명과의 연대 가능성이 있더라도 말이다. 다시 말해 대결구도는 언제나 1 대 100의 연속이다. 그렇다면 10%를 점유하고 있는 100명은 모든 사람의 일반의지로 대표될 수 있는가? 모두가 그렇지 않다고 대답할 것이다. 하지만 이것은 실제로 벌어지고 있는 현상이다.

1400만 명의 표본 집단을 가진 2021년 서울, 부산 시장선거에서 국민의 힘은 압승을 거두었음에도, 현재 일반의지를 독점한 더불어민주당은 수십만 명의 친문집단이 승리를 거두었다. 상식적이라면 친문은 물러나고 다른 비주류로 정권이 교체되어야 하지만 그렇지 못했다. 대의민주주의라는 정당정치는 강성지지집단을 만드는 것만으로 당의 헤게모니를 쥘 수 있다. 즉 수십만 명의 강성지지층으로 5000만 명을 대변하는 정책의 헤게모니를 쥘 수 있다는 것이다. 이것은 5년 혹은 4년이라는 시차가 존재하는 구조와 정당정치가 5000만 명이 참여하는 게임이 아닌 수십만 명이 참여하는 구조로서 거기에 강성지지층이 과잉 대표되는 정치체제라는 점에서 가능한 사건이다. 이 구조는 일반의지를 왜곡하는 결과로 이어진다. 일반의지라는 명칭은 대의민주주의에서는 특수의지에 불과하다.

그러면 여기서 드러나는 지표는 무엇일까? 일반의지의 해체와 시차의 간격을 '지금 여기'로 바꾸는 것, 그리고 모두가 참여하는 게임이 구조로서 확보되어야 한다는 것이다.

우수성

"데모에 나가게 된 뒤로 나는 다음과 같은 질문을 받는다. 데모로 무엇이 가능한가, 데모로 사회가 바뀌는가? 이에 대해 나는 다음과 같이 답한다. 데모로 사회는 바뀐다. 왜냐하면 데모를 함으로써 '데모를 하는 사회'로 바뀌기 때문이다."

가라타니 고진, 『자연과 인간』

예전에 공동체의 수준이 개인의 수준을 결정한다고 느꼈던 적이 있었다. 한국에서는 지하철역을 들어가 보면 수많은 아이돌의 생일을 축하하는 광고를 볼 수 있다. 이러한 팝 문화의 발달은 정치문화에도 스며들었는데, 문재인 대통령이 인기가 좋았던 시절 지하철 광고에서 아이돌처럼 나온 문재인 대통령의 광고를 볼 수 있었다. 그런데 한 독일인이 그것을 보더니 미쳤다고 하는 것 아닌가? 호기심이 동한 나머지 왜 그러냐고 질문했더니, 그 독일인은 정치는 이성의 영역인데 그것을 감정으로 소비한다고 질책

했다. 나중에 벌어진 '대가리 깨져도 문재인 현상'은 그 독일인이 맞았다는 것을 증명해준다. 정치는 맹목적인 팬 문화가 아닌 냉정한 이성의 영역인 것이다.

그래도 한국 공동체의 수준이 올라선 것일까, 굉장히 부정적이지만 한국 공동체에서 이것을 느꼈던 적이 있었다. 그것은 조국 사태 당시에 서초동 집회에서였다. 나에게 서초동 집회는 데모에 대한 모든 환상을 깨뜨린 중요한 사건이라 생각한다. 왜냐하면 이 집회를 통해 데모는 민의를 대변한다는 사실이 무참히 깨진 것이다. 50만 명 수준의 집회 참여자들은 조국 일가를 수사하는 검찰에게 항변했고 그 당시 검찰 수사에 제동을 걸었다. 그렇다면 이 집회가 민의를 대변했는가 하면 그렇지 않다. 이때 참여한 집회 시위자들은 그저 민주당 강성지지층을 대변할 뿐이다. 그리고 이들은 현재 더불어민주당의 정치구조에 영향을 미쳐 입법부 전체를 장악한다. 2021년 재보선 패배 이후에도 180석 정당의 원내대표는 친문, 그리고 최고위원도 친문으로 여전히 회귀한다. 1400만 명의 표본 집단이 전달한 민의는 일개 수십만 명의 의견에 미치지 못한다.

데모하는 사회의 부작용을 맛본 현재, 가라타니 고진의 데모하는 사회의 긍정성은 여전히 유효해도 이것의 한계도 명확하다는 것을 인지했다. 나름 한국 공동체의 승리인가. 세계적 지성이 포착하지 못하는 것을 한국 일개의 나부랭이가 데모하는 사회의 부정성을 포착하는 것을 보면 말이다. 단! 이것은 대의민주주의 하에서만 포착되는 부정성이다.

침잠

"그러므로 한 나라 사람이 모두 귀한 신분이 될 수는 없는데, 모두 귀한 신분이 되면 농업 생산이 이루어지지 않아 나라에 이롭지 못하다. 농업 생산이 이루어지지 않아 나라에 이롭지 않다고 귀한 신분을 모두 없애면 백성을 다스릴 수 없다. 그러므로 작위 고하를 분명히 구분하면 선후의 차례와 귀천의 의리를 알 수 있다."

관중, 『관자』

정보의 비대칭성의 매력이랄까? 고전의 매력은 여기에 있다. 과거에 문자를 읽을 줄 아는 사람은 소수였다. 다시 말해, 귀족을 제외한 일반 평민은 문자를 읽지 못했다. 문자를 읽지 못하니 지배층은 자연히 노골적으로 글을 적을 수 있었고, 문맹률이 제로에 수렴하는 현시대의 독자들은 이러한 노골성을 온전히 볼 수 있다. 관자에서 드러나는 저 아름다운 노골성은 현재의 언어와 달리 매우 솔직하다. 고대로부터 현재까지 국가의 기능은 값싼 노동력을 만드는 것, 즉 현시대에서 '자유'라는 개념으로 상징되는 저임금 노동자를 대규모로 만드는 것이다. 다시 말해 지배계급이 대규모로 이뤄지는 강도 높은 생산을 통해 국부를 창출하기 위해서는 신분의 차등을 두어 값싸게 강도 높은 노동을 하는 계급을 창출해야 한다.

그런 의미에서 문자를 소수만 다루던 시대의 언어는 이것을 매우 솔직하게 표현했다. 왜냐하면 현시대는 이러한 노골성을 '자유'나 '고용의 탄력성' 등 노골적인 것을 마치 좋은 것인 양 포장해서 표현하기 때문에 모두가 읽을 수 있는 언어를 읽을 수 없게 하기 때문이다. 즉 자본주의에서의 '자유' '탄력성' 등의 개념은 값싼 노동력 창출이라고 해석하면 된다. 문맹률이 낮아서인지 글이 너무 어려워졌다. 그런 의미에서 고대의 책들은 참 솔직하다.

계급을 나누면 저임금 노동자들을 부릴 수 있다. 우리 시대는 대학 수학능력 시험이라는 학벌로 발생하는 계급사회가 대표적이다. 조금이라도 주의력 깊은 사람이라면 시험과목들이 대학 진학 이후 전공들에서 딱히 사용성이 없는 것을 알 수 있다. 이것은 서로 다른 상품의 사용가치가 달라서 발생하는 교환과정의 곤란함을 화폐를 통해 해결한 것과 유사하다. 그러면 마치 화폐처럼 이 사용가치가 없는 과목에 모든 학문 분야를 일치시켜 얻는 효과는 무엇일까? 간단하다. 그것은 바로 저임금 노동자 창출이다. 시험이라는 공정성을 통해 엘리트와 그렇지 않은 사람을 나눠 계급적 우위를 드러내는 것이다. 그런 의미에서 근대의 시험제도는 재능선별이 아닌 계급선별이다. 왜냐하면 근대적 시험제도의 과목들을 충족하는 것과 각 분야의 재능을 발굴하는 유사성은 별로 존재하지 않기 때문이다. 우리는 르코르뷔지에, 마르셀 뒤샹, 갈루아, 발터 벤야민 등 교단의 바깥에서 출현한 수많은 예외들을 알고 있다. 물론 대학이라는 공간에서도 인재가 출몰한다. 하지만 표본이 적어진다는 점에서 문제가 발생한다. 왜냐하면 계급선별을 목적으로 한 재능은 바깥에서도 도래하기 때문이다. 국가도 이것을 인지한 탓인지 자본에서만큼은 '창조적 기업가 정신'이라는 명목 아래 자본주의를 개혁할 영웅주의적인 보수성을 강조한다. 미국의 헨리 포드, 스티브 잡스, 혹은 한국의 정주영으로 대표되는 기업가 정신은 이러한 보수성의 상징이다. 대규모 산업에 종사하는 값싼 노동력과 경쟁국가와의 경쟁에서 이기기 위한 프런티어적인 자본주의를 유지해야 하는 재능이 모두 출현해야 한다는 강박은 국가의 딜레마였다. 그래서 이 딜레마를 해결하는 수단이 아마 영웅주의로 무장한 프런티어적 자본가 정신일 것이다. 하이리스크를 짊어진 창조적 정신을 지닌 자들이 값싼 노동력을 부릴 수 있는 권리를 쟁취해 부를 이룩한다는 것은 근대 자본주의의 정신이다. 그것은 바깥에서 도래하는 영웅들을 받아들이면서 유지되는 계급체계의 원리다. 그래서 체 게바라는 이것을 부정한 것이다. 혁명의 주체가 되었지만 스스로 육체노동에 종사하는 계급이 된 그의 인생을 보면 말이다. 즉 그는 스스로 엘리트 계급을 혁파한다. 하지만 이것만으로 사회주의 엘리트 구조가 혁파되진 않았다. 사회주의는 오히려 자본주의와의 경쟁체제 속에서 엘리트들의 관리에 의한 집단노동체제로 나아갔고, 하물며 바깥에서 도래하는 영웅들을 인정하지 않아 오히려 자본제와의 경쟁에서 패배했다.

> "상인자본은 가치체계의 차이에서 잉여가치를 얻는다. 하지만 산업자본도 마찬가지다. 단지 전자가 기존의 공간적인 차이에서 잉여가치를 얻는 반면, 후자는 그것을 시간적인 차이화에 의해 또는 공간적인 차이를 스스로 만들어냄으로써 얻는다."
>
> 가라타니 고진, 『마르크스 그 가능성의 중심』

예를 들어 포디즘이나 현재 시대를 제패한 정보통신이나 스마트폰 산업 등은 바깥에 있는 창조적인 자본주의 예술가들에 의해 창조된 잉여가치 창출이다. 반면에 사회주의의 엘리트주의는 이 분야에서 실패한다. 이것이 발생하는 원동력은 인간의 욕망이다. 하지만 개인의 부는 세습화되고 한 국가체계에서 바깥의 인재들에게 주어지는 기회들은 점점 말살되고 현재 우리가 당면한 '눈물 나는 보수성'의 세계로 침잠된다.

> "나라에 인재가 없다는 것은 조정에 신하가 줄었다는 것이 아니라, 사사로운 가문들끼리 이익을 늘리는 데만 힘쓸 뿐, 군주를 존중하는 데는 힘쓰지 않는다는 것이다."
>
> 관중, 『관자』

역사가 진행된 이후, 이것은 모든 시대에 당면한 문제로 귀결된다. 우리는 이것을 어떻게 즉자적으로 해결할 수 있을까?

2장 서사의 구원

코로나

"즉 나는 어떤 문학작품이 그 시대의 생산관계에 대해 어떤 입장에 있는가라고 묻기 전에 그 작품이 그 생산관계 속에서 어떤 위치를 점하고 있는지를 묻고 싶다. 이 물음은 한 시대에 작가가 처한 생산관계 내부에서 작품이 지니는 기능을 직접적으로 겨냥한다."

발터 벤야민, 「생산자로서의 작가」

모든 생산관계가 여전히 무리 없이 작동하고 있다. 사회의 재화를 생산하는 기업들, 국가의 생산을 담당하는 관공서들, 미래의 프롤레타리아들을 생산하는 학교 등등에서. 이처럼 생산관계가 무리 없이 지속되고 있다. 마르크스가 말하기를 부분노동자는 그들 개인이 상품이라는 것을 생산하지 않고 그들의 공동생산물이 상품으로 전화한다고 했다. 그러면서 마르크스는 공동생산물을 다수의 힘을 하나로 융합시키면서 생기는 새로운 힘이라고 부른다. 마르크스는 자본주의를 비판하기를, 자본가는 백 개의 자립적인 노동력의 가치는 지불하지만 백 사람의 결합노동력의 가치는 지불하지 않는다고 비판한다.

코로나 시대에도 사회적 생산기관은 바이러스에도 불구하고 지속적으로 상품들을 출하하고 있다. 이것은 비대면 접촉 생산시스템에 의해서 이뤄진다. 바이러스 접촉은 공동생산 시스템을 붕괴시킬 정도로 강하지 않다. 왜냐하면 인간이 공동생산 시스템을 다른 차원의 장소로 이동시켰기 때문이다. 0과 1로 이뤄진 이진법으로 구축된 네트워크의 세계, 0과 1로 변환된 우리는 그곳에서 비대면 접촉을 통해 접촉을 최소화한다. 그래서 자본주의는 접촉하지 않고도 공동생산물을 생산할 수 있다.

새로운 생산관계가 열린 것이다. 생산자로서의 작가는 이 새로운 생산관계에 관심이 있다. 이들은 새로운 생산관계에 대해 질문을 제기한다. 이것은 어떻게 혁명에 봉사할 것인가? 마르크스가 분석한대로 공동생산물은 다수의 힘이 융합되어 다른 가치체계를 생산하는 새로운 힘이다. 그렇다면 이 네트워크라는 새로운 생산관계는 억압하는 계급이 아닌 억압받는 계급이 주체가 되어 사용할 수 있을 것인가? 생산자로서의 작가는 이 새로운 생산관계를 무기로 삼아 세계를 상대로 기동전을 수행할 준비가 되어있다. 그것은 '근대정치의 종언'이라는 깃발을 표어 삼아서 이뤄진다.

아나키즘에 대하여

나는 위대한 아나키스트이자 애니메이터인 미야자키 하야오를 존경을 넘어서 경배하는 사람이다. 선생께서는 내가 어렸을 때부터 당신의 고귀한 생각들을 작품을 통해 물려주셨다. 수많은 명작들, '이웃집 토토로', '천공의 성 라퓨타', '바람계곡의 나우시카', '하울의 움직이는 성' 등등, 아! 물론 빼놓을 수 없는 걸작 '센과 치히로의 행방불명'도 반드시 언급해야 하는 작품이다. 전율을 이루는 미학적 표현을 통해서 자신의 사상을 작품에 불어넣는 경지는 영화사에 거룩한 발자취를 남겼다고 생각한다. 에이젠슈타인, 타르코프스키, 히치콕, 브레송, 존 포드 등, 미야자키 하야오 선생은 영화사의 위대한 이름들과 어깨를 나란히 하고 있다.

그러면 내가 존경하는 하야오가 애니메이션 매체로 표현하는 사상은 무엇일까? 그의 사상은 크게 두 가지로 압축될 수 있는데, 하나는 생태주의 혹은 자연주의라 볼 수 있고 다른 하나는 아나키즘이라고 볼 수 있는데, 특히 그의 작품에서 표현하는 아나키즘 공동체는 내 인생에 큰 영향을 미쳤다. 그렇다면 그의 아나키즘이 가장 명징하게 표현된 작품은 무엇일까? 내가 뽑는다면 그의 여러 작품들 중 대표적으로 1989년 제작된 〈마녀 배달부 키키〉를 꼽겠다. 사람들은 흔히 〈이웃집 토토로〉와 더불어 〈마녀 배달부 키키〉를 미야자키 하야오의 작품들 중 정치색이 제거된 작품으로 손꼽는데, 나는 이 의견에 동의하지 않는다. 예전에 들었던 모 팟캐스트에서는 토토로와 더불어 〈마녀 배달부 키키〉를 일상의 위대함이라고 평가하는 것을 들었고, 또한 이 작품에 관한 평론가들의 평론이 보통의 성장물로 평가하는 것에 비해서 오히려 내 생각에는 미야자키 하야오는 키키를 통해 아나키스트적 공동체란 어떤 공동체인가를 우리에게 알려주고 싶었다고 생각한다. 그러면 간략히 스포일러를 해보자.

"마녀는 13살이 되면 성인마녀가 되기 위해 부모에게서 독립해야 한다. 마녀는 하늘을 날 수 있는 능력이 있기 때문에 자신이 새롭게 정착할 마을을 찾아 하늘을 날아서 새로운 삶의 터전으로 옮긴다. 그리고 하늘을 날아서 발견한 새로운 마을에서 새로운 삶을 살아간다. 새로운 시작을 알리는 비행을 통해 마을을 찾는 행위는 그녀에게 큰 기쁨으로 여겨진다. 하늘은 비행을 하는 데 방해할 아무런 장애물이 없기에 어떤 방식으로든 자유롭게 하늘을 날아 자유의 기쁨을 누리며 마을을 찾는다. 하늘을 날아서 자신이 정착할 마을을 찾던 중 키키는 바다가 보이는 마을에 정착해 살려고 지상으로 내려온다. 그리고 그녀는 지상에 내려와, 도시 한복판을 비행하며 거리를 순회한다. 하지만 지상에는 그녀가 비행하기에 너무나 많은 장애물들이 존재한다. 다시 말해 도시에서 거리를 순회하기 위해서는 여러 교통법규들이 존재한다. 하지만 그녀의 비행능력은 이 규칙을 설정할 때 공동체에서 고려하지 않은 능력이다. 결국 그녀에 의해 교통질서가 어지럽혀져 교통사고가 났다. 즉시 경찰관이 그녀에게 다가와 '하늘을 날면 안 돼!'라고 그녀를 타박하며 그녀의 비행을 제지한다. 그 후에 그녀는 자신의 하늘을 나는 능력을 활용해 배달부로 취직해서 노동을 하지만, 어째서인지 하늘을 나는 능력이 점점 사라진다. 그리고 마침내 능력이 사라진 이후 어느 날 비행선이 마을로 오던 중에 시계탑과 부딪쳐 사고가 났다. 사고가 나는 상황이 중계되고 그녀는 자신의 친구가 그 사고에 의해 목숨이 위험하다는 것을 TV로 보게 된다. 그녀는 다시 능력을 되찾아 도시 한복판에서 하늘을 날아 친구를 구한다. 경찰관이 또 그녀에게 올까? 아니다! 모든 인파가 그녀에게 환호를 보낸다. 모든 사람은 그녀를 중심 삼아 새로운 구조를 형성한다. 그리고 모든 인파가 그녀에게 환호를 보내며 화려한 피날레!"

〈마녀 배달부 키키〉에 나오는 공간은 두 가지로 나뉜다. 규칙이 존재하지 않는 하늘, 그리고 규칙이 존재하는 지상. 영화 초반에 키키는 하늘에서 비행을 하며, 상하좌우로 아무런 거리낌 없이 비행을 한다. 왜냐하면 자신이 비행을 함으로서 피해가 가는 타인이 존재하지 않기 때문이다. 하지만 지상으로 내려와 도시 한복판에서 비행을 할 때 그녀의 비행은 제지된다. 왜냐하면 그녀가 도시 한복판에서 비행을 하면 할수록 교통사고가 발생해 다른 사람들이 위험해지기 때문이다. 도시의 교통법규는 그녀의 능력을 고려하지 않고 설계되었기 때문에, 경찰관이 출동해 그녀를 제지한다. 다시 말해 그녀의 능력은 도시의 규칙에서 벗어난 능력이다. 그것 때문일까? 그녀는 영화 중반에 비행 능력이 사라진다. 그러던 어느 날 도시에서 비행선 사고가 일어난다. 급박한 상황에서 키키는 자신의 비행 능력으로 사람을 구한다. 이 마지막 피날레, 키키가 친구를 구한 이후 장면에서 미야자키 하야오의 아나키스트적 성향이 여실히 드러난다. 민중이 스스로 그녀를 중심으로 구조를 재편성하는 것이다. 그리고 이 민중의 운동이 벌어질 때 키키가 하늘을 나는 행위를 제지하는 경찰관은 등장하지 않는다. 경찰이라는 국가조직은 민중의 운동 앞에서 존재를 감춘다. 즉 미야자키 하야오는 〈마녀 배달부 키키〉의 마지막 장면을 통해 국가가 사회의 하위기관이 되는 순간을 놀라운 연출로 우리에게 보여준다. 피날레와 동시에 나는 박수를 친다. Greatest anarchist 미야자키 하야오에게 축복을!

여행의 자유

과거에 나는 홋카이도로 여행을 갔었던 적이 있다. 이유는 영화 〈러브레터〉에서 나오는 설경을 체험하고 싶어서였다. 나는 일본영화를 참 좋아한다. 그리고 솔직히 일본영화에서 즐기는 것은 내용보다는 오히려 일본의 풍경이다. 일본영화의 배경을 좋아하다 보니 일본 건축가들에게 관심을 가지게 된 것도 필연이 아닐까 싶다.

25살 이후에 군대를 다녀온 이는 알 것이다. 25살 이후 미필인 사람은 여행을 가려면 단수여권밖에 만들 수가 없었다. 여행을 가려면 여행을 갈 때마다 병무청에서 허가를 받아야 하며, 통상 10년 동안 사용가능한 여권도 만들 수 없다. 에휴! 유치하다고 생각하면서도 이 순간 국가권력의 위력이 온몸에 각인되는 것을 알 수 있다. 왜냐하면 25살 이후의 나는 군대에 가기 싫어 한국을 탈출하는 망명자로 국가에게 취급당했기 때문이다. 좀 더 번거로운 절차들을 겪어서일까. 여행 준비에 더 짜증이 났다. 살짝 민감해지기 시작한 것이다. 공항에 도착해서 비행기 게이트로 이동하려는 순간, 평소의 여행과 같이 여권을 전자인식 하려는 순간, 내 여권은 전자인식이 되지 않는다. 단수여권과 마찬가지로 여기에도 차등을 둔 것이다. 출발하기도 전에 있는대로 기분을 잡쳐 예민해진 나는 비행기에 몸을 실었다. 일본까지는 2시간 30분정도 거리였던 걸로 기억한다. 비행시간 동안 마루야마 마사오의 『일본정치 사상사 연구』를 읽으면서 시간을 보냈다. 언젠가 오규 소라이의 『논어징』도 읽어봐야지 생각하며 삿포로 공항에 도착했다. 모든 사람들은 해외에 입국할 때 당연한 수순으로 입국절차를 밟는다. 외국인이 공항 입국심사대를 거치는 것은 당연한 일이다. 하지만 일본으로 출국하기 위해 한국에서 좀 더 복잡한 절차를 밟아 감각이 예민해졌던 것일까, 입국심사대에서 외국인의 입장으로 서는 순간 감각이 더욱 예민해졌다. 감각이 예민해진 순간 입국심사원에게 '며칠 머무르시나요?' 등 여러 가지 질문을 받는 순간 깨달았다. 세계가 분단 상태인 것을 말이다. 다시 말해 우리는 국가라는 상식에 갇혀 남북의 분단을 넘어 세계가 분단 상태임을 몰랐던 것이다. 우습게도 한반도에서 벌어진 분단의 비극 따위는 존재하지도 않았다. 우리는 어느 곳에서든 검열을 당하고 있었다. 일본은 나에게 망명을 허락하지 않으며 그곳에 살 권리를 주지 않고 단지 거주할 수 있는 기한을 둔다. 세계는 분리되어 있다. 그렇게 입국수속을 마치고 삿포로 땅을 밟았다. 정말로 아름다운 땅이었다. 설경은 〈러브레터〉에서 나온 그대로였고 건축마저도 1930년대 건축으로 고풍스럽고 아름다웠다. 아름다운 건축과 자연이 어우러진 곳에서 눈이 겹겹이 쌓인 것을 보니 그저 참 아름다운 풍경만 보일 뿐이었다. 하지만 이곳을 생각할 때 떠오르는 것은 김민기 선생의 노래 〈천리길〉이다. 〈이웃집 토토로〉의 김민기 버전이라고만 생각했던 것이 삿포로의 경험 덕택인지 다른 의미로 다가왔다.

> "출렁이는 밤하늘 구름엔 달 가고
> 귓가에 시냇물 소리 소곤소곤 얘기하네
> 졸지 말고 깨어라 쉬지 말고 흘러라
> 새 아침이 올 때까지 어두운 이 밤을 지켜라
>
> 가자 천리길 굽이굽이쳐 가자
> 흙먼지 모두 마시면서 내 땅에 내가 간다."

김민기, 〈천리길〉 가사 중

김민기는 한국이라는 공동체가 배출한 대예술가라고 생각한다. 나는 개인적으로 그가 미야자키 하야오에게 필적할만한 세계의 유일한 인물이라고 여긴다. 미야자키 하야오와 김민기는 닮은 점이 참으로 많다. 국가주의를 굉장히 혐오하며, 전쟁을 싫어하고, 생태주의자인 것도 같다. 하물며 그는 미야자키 하야오와 달리 시대에 아픔을 느끼고 억압된 시대에 투쟁한 위대한 삶의 이력마저도 지니고 있다. 그런데 그가 아나키스트인가라고 생각할 일은 없었는데, 이국에서 듣는 그의 〈천리길〉은 자의적 해석일지도 모르지만 아나키즘을 연상시켰다. 그는 이 노래에서 우리에게 천리를 가면 국경이라는 것을 알려주는 듯했다. 그리고 그는 우리와 다르게 이미 천리길을 가자면서 내 땅에 내가 간다고 외치고 있었다.

운명의 장난일까. 마루야마 마사오의 저서를 읽은 후에 접한 책은 국가는 국가에 대항해 생겨난다고 주장한 가라타니 고진 선생의 위대한 저작『트랜스크리틱』이었다.

여행에서 '자유'를 느끼는 자들이여, 여행에서 '억압'도 느낄지어다.

가능성

마르크스 이론 가운데 노동가치론을 처음 접했을 때 나는 실소를 내뱉었다. 그는 상품의 가치가 결정되는 요인은 노동자의 노동시간이라는 이론인 노동가치론을 펼쳤는데, 현대인이라면 누구나 이 주장을 접하면 고개를 갸웃할 것이다. 아이폰의 가격이 노동자의 8시간 노동이 투여되었으므로 8시간의 가치를 지닌다는 주장은 웃기지 않는가. 샤오미에서 생산되는 스마트폰이 아이폰보다 가격이 낮은 것은 2시간의 노동시간이 투여돼서인가? 물론 아니다. 그래서 왜 그가 이런 황당무계한 이론을 전개했을까 생각해보았다. 아마 상품이라는 가치를 생산하는 계급이 누구인가를 묻고 싶었던 것 같다. 다시 말해 자본주의 하에서 상품의 가치를 창출하는 주체는 노동자이지 자본가가 아니라고 말하고 싶었던 것 같다. 그래서 그는 자본주의 생산의 주체는 노동자임에도 불구하고 노동자는 가난하고 자본가는 부유한 상황을 초래하는 자본주의 체제의 부조리를 이론화했던 것은 아닐까? 노동가치론에서 발생하는 윤리적 관점으로 자본가를 바라볼 때 자본가란 노동자가 만드는 가치를 수탈하는 것을 넘어 노동자가 창출한 가치를 어떤 노동도 없이 무위도식하는 기생충 같은 존재다.

그러다가 나중에 가치에 대해서 알게 된 것은 마르크스가 아닌 앤디 워홀 덕분이었다. 그의 작품 〈200개의 1달러 지폐〉의 경매 낙찰가를 알게 된 후 '가치란 무엇인가'를 질문하기 시작했다. 왜냐하면 납득되지 않는 사실을 목격했기 때문이다. 1달러가 200개면 200(약 22만 원)달러다. 하지만 낙찰가격은 무려 4천380만 달러(약 500억 원)이었다. 이런 기적과도 같은 상황이 과연 어떻게 일어났을까? 어떻게 22만 원이 500억 원에 가까운 가격으로 변환된 것일까? 정답은 간단했다. 소비자가 그렇게 정한 것이다. 소비자가 22만 원을 500억 원에 구매한 것이었다. 즉 소비자는 앤디 워홀이 200개 달러를 나열한 행위에 500억 원의 가치를 불어넣은 것이다.

이 묘한 현상에 나는 '메시아니즘'을 도입해 '소비의 윤리학'을 정초하려고 시도했다. 왜냐하면 소비자로서 능동적인 입장에서 상품의 가치를 정할 때 상품이 가치가 변하는 것을 보았기 때문이다. 「소비적 주체가 되어 가치를 새롭게 결정하라!」는 소비의 방식을 통해 세상과는 다른 방식으로 가치를 주체적으로 정할 때, 세계의 가치들은 새롭게 정초된다는 요지를 담은 글이었다. 그것을 쉽게 풀이하자면 개인은 마음먹기에 따라 마치 샤넬 가방을 비닐봉지처럼 그리고 비닐봉지를 샤넬 가방처럼 가치를 변경해 소비한다면 진정으로 가치를 변경할 수 있다는 말이다. 왜냐하면 정말로 나의 마음먹기에 따라 그렇게 될 수 있기 때문이다. 그리고 소비자가 이러한 운동을 윤리적으로 전개할 때 세상이 변화할 수 있다고 여겼다. 예를 들어 얼마 전 어려운 형제에게 치킨을 무료로 내어준 사장님에게 소비자들이 소비로 그의 선행에 보답한 사건이 좋은 예일 것이다. 이것을 확장시키면 우리 앞에 군림하는 수많은 부조리한 사회 특권계급을 폐지할 수 있지 않을까? 왜냐하면 역으로 소비자는 500억 원의 가치를 지닌 상품을 소비하지 않는다면 그것을 22만 원의 가치로 만들 수 있는 잠재성을 지니고 있기 때문이다. 참으로 만족스러운 글이었다. 이제 이 관점에서 마르크스의 글들을 읽어보자고 결심했다.

마르크스를 읽기 전에 잠깐만 놀려고 일본 사상가 두 사람의 책을 구입했다. 그저 단순히 에피타이저를 즐길 생각이었다. 하나는 마루야마 마사오의 『일본정치 사상사』였고, 다른 책은 가라타니 고진 선생의 『트랜스크리틱』이었다. 『일본정치 사상사』를 읽고 난 뒤에 『트랜스크리틱』을 읽었다. 그리고 읽는 도중 책을 던졌다. 그 이유는 내 글이 유치해질 정도로 이미 위대한 사상을 구축해놨기 때문이었다.

"타자와 관계하지 않는다면, 상품은 '죽음에 이르는 병'(키르

케고르)에 놓여있다. 상품은 사용가치와 교환가치의 종합이라고 고전 경제학은 생각한다. 그러나 그것은 사후적인 견해에 지나지 않는다. 이 종합에는 '목숨을 건 비약'이 숨어있다."

"그것은 화폐, 요컨대 '사는 입장(등가 형태)이 지니는 능동성이다. 노동력 상품을 파는 인간은 수동적일 수밖에 없다.(…) 그러나 그 점은 자본에 대한 노동자의 대항이 불가능하다는 것을 의미하지 않는다. 자본의 운동 G(화폐)−W(상품)−G(화폐)', 요컨대 잉여가치의 실현은 마지막에 그 생산물이 팔리느냐 마느냐에 달려있다. 잉여가치는 총체로서 노동자가 스스로 만든 것을 되사는 것에서만 존재한다. 생산과정에서 자본가와 노동자의 관계는 확실히 '주인과 노예'다. 그러나 자본의 '변태' 과정은 일면적일 것일 수 없다. 자본은 이 과정에서 한 번은 파는 입장(상대적 가치 형태)에 설 수밖에 없는 것이다. 그리고 여기에 노동자가 유일하게 주체로서 나타나는 장이 존재한다. 그것은 자본제 생산에 의한 생산물이 팔리는 장, 요컨대 '소비'의 장이다. (…) 자본에게 있어 소비는 잉여가치가 최종적으로 실현되는 장이자 소비자(노동자)의 의지에 종속당하게 되는 유일한 장이다."

가라타니 고진, 『트랜스크리틱』

"NAM(New Association Movement)은 자본에 대항하는 운동을 조직한다. 그것은 자본에 대항하는 장(場)을 유통(소비)과정에 둔다. 즉, 소비자로서의 노동자 운동을 기반으로 한다. 그렇게 함으로써, 보이콧을 중심으로 하는 자본제 경제 속에서의 내재적 투쟁과, 비자본제적 생산과 소비의 형태—시민통화와 생산-소비협동조합—를 만들어내는 초출적(超出的)인 투쟁을 통합한다."

가라타니 고진, 「NAM에 대하여」

이날 내 인생의 사상가를 만났다. 그 사상가는 위대한 가라타니 고진이었다. 비트겐슈타인이 버트런드 러셀을 만난 것과 같이 위대한 스승을 만난 느낌이었다. 비트겐슈타인은 버트런드 러셀을 넘어섰는데, 과연 나는 그를 넘어설 수 있을까? 까마득하다.

공백

“타인의 죽음이 부재가 아니라 확실한 죽음이기 위해서는 뭔가 다른 조건이 필요하며, 그렇기에 죽음이란 단지 물리적인 문제도 아니다. 죽음은 이른바 제도의 문제이다. 장례제도를 가지고 있지 않은 사회는 존재하지 않는다는 사실이 그것을 입증한다. 어떤 인간의 죽음은 그가 일정 부분 차지하고 있던 여러 관계에 공백이 생기는 일이며, 살아남은 자는 그것을 메우고 그를 축출한 뒤 관계를 새롭게 재편성하지 않으면 안 된다. 그렇게 하지 않은 동안은 죽은 자는 아직 살아있는 것이다.

적잖은 내 경험에 비추어볼 때 장례식에는 잔혹한 면이 있다. 나는 그것을 장례식이 형해화 되어온 탓이라고 생각했는데 실은 그렇지 않았다. 죽은 자를 애도한다든가 슬퍼한다든가 하는, 인류사에서 비교적 근대에 속하는 저 관념의 밑바닥에 장례식의 본질이 숨겨져 있다. 그것은 죽은 자를 정말로 죽게 만드는 것, 말하자면 죽은 자를 살아 있는 자의 세계에서 추방하는 일이다. 그러므로 죽음이란 물리적으로 생각되는 순간의 사실도 아니고 살아남은 자의 비애나 상실이라는 의식적 사실도 아니며 일정한 폭을 가진 공시적인 사건이다. 그것은 하나의 관계 체계가 다른 체계로 변형되는 과정 전체를 가리킨다. 사람이 죽고 그 뒤에 장례가 있는 것이 아니라 장례도 죽음의 일부인 것이다. 우리는 시간이 갈수록 슬픔을 잊고 그 사람의 부재에 익숙해져 간다. 그리고 그때에야 비로소 '죽음'이 완료된다. 죽은 자는 이제 부재자와 다르며, 살아있는 자가 재편성한 관계의 체계 속으로 들어갈 여지도 사라진 것이다."

가라타니 고진, 『문학론집』

철학자 진중권은 한국에는 두 개의 위대한 서사가 있다고 한다. 하나는 박정희로 대표되는 '산업화 서사' 다른 하나는 586세대 운동권으로 대표되는 '민주화 서사'다. 그러면서 그는 말하길 현시대는 위대한 두 개의 서사가 몰락했다고 말한다. 박정희로 대표되는 산업화 서사는 그의 딸 박근혜 대통령이 탄핵됨으로서 종언을 맞았고 586세대 운동권으로 대표되는 민주화 서사는 '조국사태'에 의해 종언을 맞았다는 것이다. 다시 말해 현재의 대한민국은 대한민국이라는 공동체를 지탱해온 두 개의 거대한 축이 붕괴한 것이다.

> "진정 무서운 것은 그들의 행위가 아니라 시황제의 죽음으로 생겨난 한순간의 진공이다. 그들은 이 진공상태에 겁을 먹고 공포에 사로잡혀 궁정으로 급히 돌아간 것이다. 시황제의 죽음을 장자 측이 알게 되면 사태는 역전된다. 시황제는 아직 죽은 것이 아니다! 그가 죽는 것은 누군가가 시황제를 대신하는 관계의 질서를 형성했을 때이다."
>
> 가라타니 고진, 『문학론집』

가라타니 고진에 의하면 죽음은 관계의 공백이라고 한다. 그리고 관계의 공백이 다른 관계체계로 매워지지 않는다면 죽음은 진짜 죽음이 아니라고 한다. 그래서 죽음이란 제도의 차원이며 만약 의미의 공백을 매우지 않고 계속 잔존시킨다면 죽은 자는 살아있는 자들 곁에 계속 출몰한다고 한다. 그러므로 죽은 자를 진정으로 추방시키려면 죽은 자를 포함한 하나의 관계체계가 다른 관계체계로 재편되어야 한다. 이 관점에서 바라볼 때 산업화 서사와 민주화 서사는 정말로 죽은 것일까?

내가 생각할 때 산업화 서사는 죽은 것 같다. 산업화 서사가 죽은 것은 87년에 성립한 대의민주주의 시스템의 관계로 재편되었을 때, 박정희로 대표되는 독재체제는 의미를 상실했다. 생각해보면 박근혜는 쿠테타로 집권한 것도 아니며, 독재라는 의미를 회복하려고 시도했을 때 삼권분립이라는 입법부와 사법부의 견제 속에서 추방을 당했다. 산업화 서사로 대변되는 독재체제는 대의민주주의 체제로 들어갈 여지를 잃은 것이다. 그리고 87년 체제로 재편된 관계 속에서 그녀는 아무것도 할 줄 몰라 87년 체제로 재편된 정치적 업무는 다른 이에게 맡기고 자신은 뒷방으로 물러났다. 87년에 이뤄진 대의민주주의 관계체계에 의해 박정희로 대표되는 독재체제는 장례식이 거행되었기에 그녀는 살아있는 자 곁에서 관계를 맺을 수가 없었다.

그러나 현시대는 민주화 서사마저도 종언을 고했다. 그러면 민주화 서서로 대표되는 87년에 세워진 대의민주주의 체제는 장례식을 거행됐을까? 대의민주주의의 죽음은 여전히 우리에게 커다란 의미의 공백으로 다가온다. 이것의 공백은 커다란 혼란이요, 거대한 카오스다. 대의민주주의 체제의 공백은 박근혜 탄핵가결 당시 그녀의 부재에 축배를 들어 올리는 장례식을 거행할 수 없다. 왜냐하면 우리는 대의민주주의를 대신해 의미의 공백을 매울 타자와의 관계가 부재하기 때문이다. 그래서 2030세대는 민주화 서사를 대신해서 산업화 서사라는 죽은 자와 관계를 맺는 것이다. 하지만 이들은 이미 죽은 자이므로 관계는 금방 소멸될 것이다.

> "모세가 모압 광야에서 예리고 맞은편에 있는 느보산 비스가 봉우리에 오르자, 야훼께서 그에게 온 땅을 보여주셨다. 단

에 이르는 길르앗 지방, 온 납달리와 에브라임과 므나쎄 지방, 서쪽 바다에 이르는 온 유다 지방, 네겝과 종려 도시 예리고 골짜기의 분지를 소알에 이르기까지 보이시며 야훼께서 그에게 말씀하셨다. '이것이 내가 아브라함과 이삭과 야곱에게 맹세하여 그들의 후손에게 주겠다고 한 땅이다. 이렇게 너의 눈으로 보게는 해 준다마는, 너는 저리로 건너가지는 못한다. 야훼의 종 모세는 그 곳 모압 땅에서 야훼의 말씀대로 죽어 모압 땅에 있는 벳브올 맞은편 골짜기에 묻혔는데 그의 무덤이 어디에 있는지는 오늘까지 아무도 모른다. 모세는 죽을 때 나이 백 이십 세였다. 그러나 그의 눈은 아직 정기를 잃지 않았고 그의 정력은 떨어지지 않았었다. 이스라엘 백성은 모압 광야에서 삼십일 동안 모세의 죽음을 슬퍼하며 곡했다. 이렇게 그들은 모세의 상을 입고 곡하는 기간을 채웠다. 눈의 아들 여호수아는 하나님의 영을 받아 지혜가 넘쳤다. 모세가 그에게 손을 얹어 주었던 것이다. 그의 지휘아래 이스라엘 백성은 야훼께서 이미 모세에게 분부하신 일을 다 이루었다."

모세, 「신명기」

개인적으로 구약성서에서 가장 좋아하는 구절이다. 기독교에서 인간이란 태초에 신과 관계를 맺으면서 태어난다. 태초에 신이라는 타자와의 관계가 존재하는 것이다. 여기서 모세는 신과 관계를 맺음과 동시에 여호수아 또는 이스라엘 백성과 관계를 맺고 있다. 이 관계에 의해 모세는 광야에서 가나안으로 나아가지 못한다. 이때 모세는 자신이 초월적이게 되는 것을 멈추며 가나안에서 장사 지내진다. 그는 철저히 죽은 자가 되어 그의 무덤은 광야에 철저히 방치되기 때문에 이스라엘 백성은 그의 무덤이라는 존재마저 잊게 된다. 이 관계에 의해 가나안의 시대가 개막되는 것이다.

87년 체제는 죽었다. 그러나 2030세대는 87년에 맺어진 대의민주주의 체제와 타자로서 관계를 맺고 있는가? 여전히 87년 체제는 의미를 획득하고 있고 장사지내지 못하고 있다. 그리고 그들의 공백은 철저한 혼돈이자 카오스일 것이다.

87년 체제는 종언을 고해 죽음을 맞았다. 하지만 그들은 여전히 살아있으며 의미의 공백은 혼돈으로 경험된다. 이 공백에 의한 혼돈과 카오스는 살아있는 자들이 거행하는 장례식에 의해 매워진다. 자! 우리는 어떻게 다른 관계체계로 이들을 대체할 수 있을까?

서시

죽는 날까지 하늘을 우러러
한 점 부끄럼이 없기를,
잎새에 이는 바람에도
나는 괴로워했다

윤동주, 「서시」 중

한국에서 가장 존경하는 정치인을 꼽으라면 아무래도 김대중 전 대통령을 선택할 것이다. 87년의 실수는 그의 순수성을 의심하게 하지만, 그래도 그가 그것이 실수였음을 고백했을 때 그 사과를 받아줄 용의가 있을 정도로 충분한 업적을 세운 대한민국 정치사의 거목이다. 그럼에도 불구하고 내가 가장 애정을 갖는 정치인은 다른 사람이다. 원래는 세 사람이었지만 두 사람으로 바뀌었다. 왜냐하면 유시민은 너무 망가졌기 때문이다. 그래서 남은 두 사람이 바로 모두 노씨 성을 지닌 노무현, 노회찬이다.

그러면 이들을 왜 좋아하고 존경할까? 그것은 그들이 보여준 최후의 태도 때문이다. 그들은 참으로 안타까운 최후를 맞이한 정치인들이다. 그리고 사람이 최후를 맞을 때 어떤 정신에 입각해야 하는지를 가르쳐준 인물이다.

"이상 더 노무현은 여러분이 추구하는 가치의 상징이 될 수가 없습니다. 자격을 상실한 것입니다. 저는 이미 헤어날 수 없는 수렁에 빠져 있습니다. 여러분은 이 수렁에 함께 빠져서는 안 됩니다. 여러분은 저를 버리셔야 합니다."

「노무현의 글」

"잘못이 크고 책임이 무겁다.
법정형으로도, 당의 징계로도 부족하다.

사랑하는 당원들에게 마지막으로 당부한다.
나는 여기서 멈추지만 당은 당당히 앞으로 나아가길 바란다.

국민 여러분! 죄송합니다.
모든 허물은 제 탓이니 저를 벌하여 주시고,
정의당은 계속 아껴주시길 당부드립니다."

「노회찬의 유서」

참으로 예전부터 윤동주 시인의 「서시」를 싫어했다. 윤동주 시인은 기독교를 믿는다고 알려졌는데, 서시를 보면 과연 기독교 교육을 받은 사람일까 싶은 의심이 들 정도다. 그래서 항상 서시의 둘째 구절만 바꾸고 싶은 유혹을 느꼈다.

죽는 날까지 하늘을 우러러
한 점 깨끗함이 있기를,
잎새에 이는 바람에도
나는 괴로워했다

그들은 우리 같은 이들보다 훨씬 깨끗한 삶으로 살아갔으며 약간의 더러움마저도 훨씬 더 많은 깨끗함으로 점철한 삶을 살다간 이들이다. 그럼에도 불구하고 최후의 순간마저 한 점의 깨끗함을 추구하며 살다간 두 분을 보면 절로 안타까움과 존경심이 들 수밖에 없다. 위대한 이의 조문 행렬을 보면 사람들은 다 아는구나 싶다.

계기

처음 바울의 로마서를 읽기 시작한 계기가 있다. 스탠리 큐브릭 감독의 영화 〈시계태엽 오렌지〉를 보고 난 후인데, 구약이야 아담과 하와, 아브라함, 이삭, 야곱, 요한 모세 등등, 인물의 일대기가 파노라마처럼 펼쳐져 그냥 그 스토리를 읽으면 되지만, 신약은 특히 바울의 서신서는 워낙 어려워 읽기가 여간 까다로운 것이 아니었다. 그러다가 읽게 된 계기가 스탠리 큐브릭의 〈시계태엽 오렌지〉였다. 나는 이 영화를 두 번 봤는데 다시 볼 때도 매우 부담스러웠다. 세 번째 볼 때도 같은 느낌일 것 같다.

스토리를 살짝만 들춰보면, 주인공 알렉스는 마약, 폭행, 강간, 살인 나쁜 짓은 뭐든 하는 놈이다. 근데 이 놈이 강간을 하다가 동료에게 배신당해 감옥에 간다. 감옥에서 수감생활을 하던 중, 수감생활의 면제라는 조건과 함께 알렉스는 루드비코 요법이라는 프로젝트에 참여하게 된다. 그건 인간의 폭력적 행위를 제거하는 요법인데, 만약 음란한 상상 혹은 폭력적 행위를 하려고 하면 그 즉시 구토감이 일어나 그것들을 못하게 하는 방법이다. 스포일러를 자제해야 하니 여기까지만 이야기하겠다. 만약 보려고 한다면 엄청난 마음의 준비를 하고 시청해야 할 것이다. 마음의 준비를 하지 않고 봤다가는 기절할 수도 있다. 뭣도 모르고 봤다가 엄청난 충격을 받은 나의 절실한 경험담이다.

나는 바울주의자이며 큐브릭주의자라고 할 수 있다. 기본적으로 인간은 폭력적인 성향을 지니고 있다고 생각한다. 인간의 내면에 깊이 침잠하면 사람은 폭력적이며 성욕이라는 폭력성을 내뿜고 살인, 강간을 하는 존재라고 생각한다. 그러면 인간이 이런 존재라는 것을 통찰한 큐브릭은 루드비코 요법에 찬성하는 걸까 반대하는 걸까? 아직도 알 수 없다. 하지만 바울은 분명히 그것에 반대한다. 그리고 나는 이 영화에 등장인물 중 루드비코 요법에 반대하는 신부를 바울이라 생각한다. 왜냐하면 루드비코 요법이 성공한 것을 바라보는 모든 사람이 찬성하며 환호하지만 신부만이 '이건 인간의 자유의지를 억압하는 행위야!'라고 주장하며 루드비코 요법에 반대하는 모습에서 바울이 보이기 때문이다.

> "그러므로 아! 남을 심판하는 사람이여, 그대가 누구든 변명의 여지가 없습니다. 남을 심판하면서 똑같은 짓을 저지르고 있으니, 남을 심판하는 바로 그것으로 자신을 단죄하고 있기 때문입니다."

> "아무에게도 빚을 지지 마십시오. 그러나 서로 사랑하는 것은 예외입니다. 남을 사랑하는 사람은 율법을 완성한 것입니다. '간음해서는 안 된다. 살인해서는 안 된다. 도둑질해서는 안 된다. 탐내서는 안 된다.'는 계명과 그 밖의 다른 계명이 있을지라도, 그것들은 모두 이 한마디 곧 '네 이웃을 너 자신처럼 사랑해야 한다.'는 말로 요약됩니다. 사랑은 이웃에게 악을 저지르지 않습니다. 그러므로 사랑은 율법의 완성입니다."
>
> 바울, 「로마서」

'네 이웃을 너 자신처럼 사랑해야만 한다.'라는 계명은 어떻게 해석될까? 그것은 타자가 너 자신과 동등한 위치 즉 타자를 계급적 위치가 아니라 '나'로서 기능하게 하는 것으로 해석할 수 있다. 그래서 사랑은 채무가 아닌 증여로서 기능하는 것이다. 그리고 '나'로서 기능하지 못하는 이들은 채무가 아닌 증여된 것으로 받아들인다. 사랑의 세계에서 채무관계는 예외로 작동한다. 오로지 서로가 '나'로서 기능하는 계명만이 상례로서 존재할 뿐이다. 즉, 바울에게 모든 관계는 '나'로 기능해야 하고 '나'로서만 기능해야 한다. 그것을 위해 채무관계는 변제되고 증여의 공동체가 성립한다. 그래서 사랑의 이름아래 '안 된다'라는 금기가 성립하지만 또한 사랑의 이름아래 그것들은 무화되어 공동체에 받아들여진다. 이것이 초대 교회가 성립한 공동체의 정신이다. 이것은 자신들을 탄압하며 자신들을 죽이던 바울을 자신들의 공동체에 그것도 사도로서 받아들인 것을 보면 알 수 있다.

그러면 이제 바울이 루드비코 요법을 거부하는 이유를 알 수 있지 않을까? 왜냐하면 루드비코 요법은 알렉스를 '나'로서 기능하지 못하게 하기 때문이다. 이 관점에서 바라보면 인간세계의 처벌이 흥미롭게 다가온다. 왜냐하면 이미 알렉스는 감옥 대신에 루드비코 요법을 선택한 바 있기 때문이다. 이것이 우리가 〈시계태엽 오렌지〉에서 루드비코 요법만이 아닌 감옥이라는 장치에도 주목해야 하는 이유다. 그렇다면 바울은 감옥이라는 시스템을 찬성할까? 속으로는 거부할 것 같다. 감옥은 사람을 '나'로서 기능하지 못하게 할 뿐 아니라 채무관계에 입각한 사고이기 때문이다. '죄를 지었으면 응당 벌을 받아야 한다'는 사고에 입각한 것이 아닌가? 바울에게 처벌이 있다면 오로지 '나'로 기능하게 하는 선에서 정지할 것이다. 하지만 이것이 실현 가능할까? 알렉스처럼 나쁜 놈을 아무런 형벌 없이 다시 세상으로 내보내는 것 말이다. 이 관점에서 바라볼때 「로마서」에 적힌 그의 모순된 고민이 엿보인다. 결국 폭력적인 자들을 받아들이는 공동체의 유지는 그들을 처벌하는 세속 권력과의 교환에 의해 성립하기 때문이다.

"지배자는 그대의 이익을 위하여 일하는 하나님의 일꾼입니다. 그러나 그대가 악을 행할 경우에는 두려워하십시오. 그들은 공연히 칼을 차고 있는 것이 아닙니다. 그들은 악을 저지르는 자에게 하나님의 진노를 집행하는 그분의 일꾼입니다."

바울, 「로마서」

큐브릭의 〈시계태엽 오렌지〉는 참으로 난감한 영화다. 뭐가 정답일까? 우리 내면에 있는 알렉스를 길들이지 못한 자들에게 우리는 '나'의 자격을 잃게 만들어야 할까? 나는 큐브릭주의에서 바울주의로 넘어간 자다. 그래서 바울처럼 겉으로는 이렇게 말할 것 같다. '아, 그러한 짓을 저지르는 자들을 심판하면서도 스스로 같은 짓을 하는 사람이여, 그대는 하나님의 심판을 모면할 수 있으리라고 생각합니까?' 하지만 속으로는 정말 어려운 문제다. 왜냐하면 일단 나는 인간 내면에 거주하는 알렉스를 알아서 너무나 두렵기 때문이고 그 때문에 역설적으로 나를 훈육하는 시스템이 싫기 때문이며 또한 훈육 없이 과연 사람들 내면의 알렉스가 통제될지 의문이기 때문이다. 우리는 자신 안의 알렉스와 나를 해치려 다가오는 알렉스들을 어떻게 해야 할까? 그래서 그저 오늘도 예수의 말씀을 음미해보며 천천히 생각해본다. 폭력 없는 사랑의 공동체에 관해서.

"예수께서 아직 말씀하고 계실 때에 바로 열두제자 가운데 하나인 유다가 왔다. 그와 함께 수석 사제들과 백성의 원로들이 보낸 큰 무리도 칼과 몽둥이를 들고 왔다. 그분을 팔아넘길 자는 '내가 입 맞추는 이가 바로 그 사람이니 그를 붙잡으시오.' 하고 그들에게 미리 신호를 일러두었다. 그는 곧바로 예수께 다가가, '스승님, 안녕하십니까?' 하고 나서 그분께 입을 맞추었다. 예수께서 '친구야, 네가 하러 온 일을 하여라.'하고 말씀하셨다. 그때에 그들이 다가와 예수께 손을 대어 그분을 붙잡았다. 그러자 예수와 함께 있던 이들 가운데 한 사람이 칼을 빼어 들고, 대사제의 종을 쳐서 그의 귀를 잘라버렸다. 그때에 예수께서 그에게 이르셨다. '칼을 칼집에 도로 꽂아라. 칼을 잡는 자는 모두 칼로 망한다. 너는 내가 내 아버지께 청할 수 없다고 생각하느냐? 청하기만 하면 당장에 열두 군단이 넘는 천사들을 내곁에 세워주실 것이다. 그러면 일이 이렇게 되어야 한다는 성경 말씀이 어떻게 이루어지겠느냐?"

마태, 「마태복음」

분석명제, 종합명제

"마하트마 간디가 말했듯이, '자본제 생산물을 사지 말라'는 것입니다. 그것들은 노동자가 '주체'가 될 수 있는 장에서 이루어집니다. 그러나 노동자=소비자에게 '일하지 않는 것'과 '사지 않는 것'을 가능하게 하기 위해서는, 그와 동시에 일을 하거나 사는 것이 가능한 토대가 없으면 안 됩니다. 따라서 비자본제적인 생산과 소비의 형태를 만들어내는 초출적인 투쟁(생산–소비협동조합이나 LETS)이, 자본제 경제 하에서의 내재적인 투쟁에 있어서 불가결한 것입니다. 반면에, 후자(보이콧을 중심으로 하는 내재적 투쟁)는, 자본제 기업을 비자본제적 기업 형태로 바꾸어가는 일을 촉진할 것입니다."

가라타니 고진, 「NAM에 대하여」

마하트마 간디가 물레를 돌리며 실을 자아 옷감을 만드는 비자본적 생산은 자본제 생산에 독립된 생산이며 이 생산품을 소비하면서 영국제 자본주의 생산품에 대항하는 운동이다. 마하트마 간디는 물레를 돌리는 행동으로 영국에 대항했다. 그리고 그는 비자본적 생산과 그것을 구매하는 소비자 운동으로 영국의 자본주의에 대항할 수 있다는 사실을 알았다.

> "이때 예술은 예술가가 무가치한 것을 구성함으로써 탄생하는 것이 아니다. 소비자가 무가치함을 인식하고 구매할 때야 비로소 예술이 된다. 생산자와 소비자가 마주침으로써 예술의 기호는 파생된다. (…)
>
> 앤디 워홀의 이름을 드높이는 가격이라는 축문을 신께 바치는 것이다. 소비자는 제사장이 되어 그것을 신에게 바친다. 그 둘의 마주침은 메시아의 기호를 드러낸다."

과거에 내가 짤막하게 「소비의 윤리학」이라는 제목으로 적었던 글이다. 가라타니 고진을 알기 전까진 나도 이런 이론을 체계화하기 위해 30년의 준비를 결심했던 적이 있다. 그러면 자본제 생산품인 영국제 면화와 간디가 물레를 돌리면서 만든 옷감 중 어떤 것이 품질이 좋을까? 우스운 질문이다. 모두가 답을 알고 있으니 말이다. 이것이 가능하기 위해선 앤디 워홀의 〈200개의 1달러〉를 500억 원에 구매하는 정신이 필요하다. 그리고 이러한 소비자 운동이 발생할 때 묘한 윤리성의 성질을 지닌 메시아 운동이 발생한다고 생각한다. '고귀한 것은 비천하게, 비천한 것은 고귀하게'. 그리고 이 운동의 최후 모습은 네 이웃을 너 자신처럼 사랑해야 한다는, 모든 타자가 '나'로서 기능하는 세계로 귀결되리라.

그러나 최근에 가장 거대한 소비자 보이콧 운동을 체험했다. 그것은 바로 모든 국민이 동참했을 일본제품 불매운동이다. 물론 나도 여기에 동참했다. 이유가 너무 명확하지 않은가. 일본의 강제징용에 관련해서 한국 대법원 판결에 불만을 품은 일본이 수출규제를 먼저 선포했으니 말이다. 이런 말도 되지 않는 일본정부의 결정에 반감을 품고 나도 운동에 동참했다. 하지만 최근 보이는 이 운동의 결과는 심상치 않다. 반일감정을 토대로 탄생한 '토착왜구'라는 프레임을 통해 국내정치에 이용되면서 변질되었다. 그리고 2020년 총선의 더불어민주당 캐치프레이즈도 '이번 총선은 한일전이다'라고 설정해 대놓고 홍보했었다. 어느 순간 뭔가 잘못되고 있다는 느낌을 받았다. 소비자 운동이 이렇게 쉽게 국민국가 시스템인 내셔널리즘으로 수렴되는 모습에 충격을 받은 것이다.

새삼 「NAM에 대하여」에서 가라타니 고진 선생이 마하트마 간디의 사례를 언급한 것이 생각났다. 소비자 운동을 전개한 마하트마 간디의 목적은 '독립운동' 즉 내셔널리즘 운동이 아니었던가. 새삼 어려운 문제에 봉착한 듯하다. 하지만 글을 다시 읽어보니 그는 자신의 운동이 내셔널리즘에 빠질 위험이 농후하며, 자신의 운동이 자본주의에 대한 공격이 되어야 한다고 명시한다.

따라서 문제의 해답에 간단히 도달했다. 나는 어떻게 반일운동에 참여해야 하는가? 이것은 간단한 문제다. 해답은 한국인으로서가 아닌 '나' 자신으로서 존재한다는 것, 즉 철학적으로 고상하게 표현하면 '분석명제'와 '종합명제'의 차이로 알 수 있다. 차이는 간단하다. 분석명제란 주어를 알면 경험과 무관하게 주어에 대해 알 수 있는 명제이다. 예를 들면 '총각은 결혼하지 않는 사람이다.'라는 명제다. 하지만 종합명제는 주어만 가지고 알 수 없는 명제, 즉 경험을 필요로 하는 명제다. 그래서 '결혼한 사람은 행복하다.'라는 명제를 알기 위해서는 결혼한 사람을 경험해봐야 알 수 있는 명제다. 왜냐하면 어떤 사람은 배우자와 행복할 수도 있고, 어떤 사람은 배우자와 지지고 볶는 사람일 수도 있기 때문이다. 그래서 이 명제는 개체를 만났을 때야 비로소 알 수 있는 명제다. 다시 말해 '김아무개는 결혼해서 행복하다.'라는 말을 김아무개에게 들었을 때야 비로소 알 수 있는 명제인 것이다.

자, 이제 간단해졌다. 예를 들어 '앤디 워홀의 작품은 훌륭한 작품이다?'는 분석명제일까, 종합명제일까?

> '나는 경험을 통해서 앤디 워홀의 작품 〈200개의 1달러 지폐〉는 사랑한다. 하지만 그의 작품 체 게바라는 저주한다.'

나는 일본인을 반대하지 않고 일본의 전쟁주의자들을 반대하는 데 참여한다. 그래서 나는 모든 사안마다 일본제품을 구매할 권리를 지닌다. 우리는 공적인 관계가 아닌 사적인 관계에서만 사랑할 수 있다.

재능

건축을 하는 친구가 있다. 문무를 겸비한다고 하던가. 건축 장르를 보면 말 그대로 두뇌와 체력을 동시에 겸비한 장르라는 것을 보게 된다. 무슨 말이냐면 건축은 설계를 위해서 두뇌도 엄청나게 쓰지만 노가다도 동시에 겸해야 하는 장르라는 것이다. 설계만으로도 엄청난 작업량이 주어지며 동시에 현장감독을 하면서 육체적 작업량도 무수히 쏟아지는 직업이 건축가다. 하지만 항상 볼 때마다 느끼는 점이 가장 지적인 작업임과 동시에 체력이 겸비되어야 하는 직업인 반면에, 존중은 못 받는 직업이라는 생각이 든다. 물론 모든 건축이 부동산 투자로 환원돼서 아파트만 존재하는 나라에 진정한 건축가가 활동할 수 있으며 동시에 존중받을 수 있는 여건이냐는 의문이지만.

건축이라는 장르에 관심을 갖게 된 계기가 있다. 지역감정이라는 말이 있을 정도로 자신이 사는 동네에 엄청난 애정이 있듯이, 나도 내가 살아온 동네에 엄청난 애정이 있다. 나는 강동구에 있는 명일동에서 자라온 사람인데, 명일동에는 랜드마크라 불리는 건물이 하나 있었다. 그 건물의 이름은 '주양쇼핑'이라고 명일동에서 살아본 사람이면 누구나 다 알 것이다. 강동구에 거주하는 강풀이 자신의 만화에서 '주영쇼핑'이라는 이름으로 패러디해 출연시킬 정도이니 그만큼 명일동 주민들이 늘 애용하는 건물이었다. 그러던 어느 날 주양쇼핑 재건축 소식이 들려왔다. '재건축을 하는구나.'라는 잠잠한 반응과 함께 뒤이어 나온 나의 반응은 '어! 그럼 이제 어디 가서 놀지?'였다. 막상 없어진다고 하니 내가 엄청나게 이 건물을 이용해왔다는 생각이 들었다. 그 생각과 함께 건물을 보니 여전히 명일동 주민들은 주양쇼핑을 애용하고 있었다. 주양쇼핑이라는 건축물이 마을에서 기능을 잃은 것이 아니었다. 그러면 왜 재건축을 하는가. 다시 말해 여전히 마을 주민들이 엄청나게 애용하고 있는 건물을 왜 부수고 다시 짓는 걸까? 이유는 간단했다. 더 많은 수익성을 내는 오피스텔형 건축물로 다시 짓기 위해서였다. 짜증이 솟구쳤다.

이 사건을 계기로 깨달은 것이 있다. 그것은 바로 우리가 살아가는 삶의 양태는 어떤 건축물을 짓느냐에 따라서 삶의 양태가 조직되고 변화한다는 사실이다. 지하철을 보면 간단히 답이 나올 것이다. 지하철역을 어디에 짓느냐에 따라서 우리의 동선은 거기에 맞춰 움직인다. 도시는 그곳을 중심으로 발달하며, 자연스럽게 집값도 뛰어오르는 것을 보지 않는가. 이와 마찬가지로 주양쇼핑이라는 건축물의 기능으로 인해 내가 명일동에서 지내는 생활양식이 만들어졌듯이, 이것이 해체됨으로써 명일동에서 즐기는 생활양식이 달라졌다. 왜냐하면 주양쇼핑에서 즐기던 곳들이 사라졌기 때문이다. 건축은 내 삶의 습속을 조직한다.

앞에서 언급했듯이 한 친구가 건축을 한다. 건축학과는 졸업을 할 때쯤이면 졸업 작품과 함께 졸업전시회를 여는 모양이다. 건축에 관심이 많은 만큼 그 친구가 구축하는 건축사상에 관심이 많다. 그 당시 건축학과의 노가다를 보며 '어휴!' 했던 것은 둘째 치고 나는 내 친구가 졸업 작품을 컴퓨터로 작업하는 도면을 지켜보고 있었다. 여담으로 건축가의 재능은 보통 40대 중반 이후부터 개화하기 시작한다. 이런 업계에서 20대 풋내기가 만든 건축에 무슨 관심이나 갈까? 그저 처음부터 찰나의 재능을 뽐냈던 증거로서만 역할을 할 것이라 찰나의 재능이 뿜어져 나오는지의 유무만 봤던 것 같다.

그 친구가 설계했던 것은 교회였는데, 교회 건축은 건축의 꽃인 만큼 종교를 차치하더라도 모든 건축가가 도전하는 건축물일 것이다. 처음 봤던 설계도면은 내가 전문가가 아니라 잘은 모르지만 리처드 마이어에게 바치는 오마주인가 싶었다. 왜냐하면 완전히 백색으로 구상했기 때문이었다. 그러나 졸업전시회 당일에 본 건축에 많이 놀랐었다. 왜냐하면 교회라기보다는 동네공원에 가까운 건축이었기 때문이었다. 교회는 성전으로서 하나님을 만

나러 오는 곳이 아닌가. 그래서 신을 만나는 것은 숭고한 체험을 필요로 한다. 그리고 세계 유명 건축가들은 이 조건을 위대하게 구현한다. 그런데 내 친구는 지인들과 공원 산책하기 좋은 곳으로 교회 건축을 설계한 것이다. 나는 당연히 혹평했다. '너 이런 곳에서 기도가 되니?'라고 물었던 것 같다. 의외로 논쟁에서는 진리를 아는 사람이 아닌 말 잘하는 놈이 이기듯이, 딱히 내 친구는 반론을 내지 못했었다. 내가 흠모하는 교회는 안도 다다오의 '빛의 교회' 또 다른 종교시설인 '물의 절', 르 코르뷔지에의 '라뚜레트 수도원', 페터 춤토르의 '성 베네딕트 교회' 등 건물에 들어가는 것만으로도 신을 만날 것과 같은 착각을 불러일으킬 만큼 위대한 건축물들이다. 하지만 동네공원적인 미감이 뭐란 말인가. 그러나 이건 나의 실수였다.

가라타니 고진은 칸트를 설명할 때, '진', '선', '미'를 구분한다. 예를 들어 설명하면 의사가 환자를 수술할 때에는 윤리적인 관점으로 사람을 보면 안 된다. 마치 나무토막 대하듯이 사람의 배를 가르고 사물 대하듯 사람을 대해야 한다. 그러므로 의사는 '선'의 관점을 괄호 닫고 '진'의 관점 다시 말해 사물의 관점으로 사람을 보아야 한다. 만약 의사가 '진'과 '선'의 관점을 괄호 닫고 '미'의 관점으로 수술을 하면 어떻게 될까? 그는 살인마 잭 더 리퍼가 되지 않을까. 사람을 가르는 데 미적 쾌감을 느끼는 변태이니 말이다. 그래서 의사는 수술할 때는 '선'의 관점을 괄호 닫고 진의 관점으로 사람을 대하는 대신 수술이 끝난 후에 닫힌 '선'의 관점의 괄호를 다시 열어야 한다고 덧붙인다. 가끔 수술이 실패해 유족들에게 그 사실을 전할 때 사망 소식을 대수롭지 않다는 식으로 무덤덤하게 전하는 의사들이 있다. 아마 이들은 훈련을 통해 '선'의 관점을 괄호로 닫았지만 영영 닫아버린 사람들일 것이다.

갑자기 가라타니 고진의 이론을 잠시 언급한 이유는 내 친구가 윤리적인 관점에서 건축했다는 것을 간과하고, 미의 관점에서만 건축을 판단해 그 친구의 졸업 작품을 평가절하했기 때문이다. 이것을 깨닫게 된 건 '알레한드로 아라베나'라는 건축계의 노벨상인 프리츠커상을 수상한 건축가의 건축물을 보게 된 이후였다. 알레한드로 아라베나는 윤리적인 의도로 건축물을 지었을 때 사람들의 삶은 어떻게 변화하는가를 한눈에 보여줬다. 이름하여 반만 짓는 건축이었다. 건축이라는 매체는 돈이 정말 많이 드는 분야다. 서울시에서 아무리 재건축을 통해 임대사업을 확대한다 한들 빈민들이 보증금을 감당하지 못해 서울 외곽으로 쫓겨나는 것은 부지기수이며 이것은 보편적으로 적용되는 건축세계의 규칙이다. 그리고 이런 사정으로 인해 '13평 공공임대주택'에 대한 청년들의 불만에서 나타나듯 여유로운 주거형태를 지을 수 없다. 그래서 이 칠레 건축가는 건축비 절감과 여유로운 주거형태를 동시에 확보하기 위해서 여유로운 주거공간을 상정한 상태에서 반만 지어버리고, 거주자들이 돈 벌어서 나머지 공간을 지을 수 있는 집을 지었다. 이 방법으로 아라베나는 자신의 건축을 통해 빈민들의 건축비를 경감시켜 보증금을 감당할 수 있게 했으며 동시에 빈민들이 여유롭고 넓은 거주지를 획득하게 했다. 놀라운 아이디어다.

이 사례를 보고 파울 클레가 떠올랐던 것은 우연일까. 그의 회화이론이 실제 세계에서 놀랍도록 그대로 적용되는 분야가 바로 건축이기 때문이다.

> "예술은 가시적인 것을 재현하는 게 아니라, (비가시적인 것을) 가시화한다. 이렇게 대상의 재현보다는 지각의 조직화를 지향하는 것이 현대예술의 특징이다."

> "지금은 가시적인 사물들의 상대성이 분명해졌다. 가시적인 것은 우주 전체에서 그저 고립된 예에 불과하다. (우주에는) 또 다른 진리들이 엄청나게 많이 잠재돼 있다. 사물들은 더 넓고, 더 다양한 의미로 나타난다."
>
> 파울 클레

파울 클레는 20세기 건축 혁명을 이끈 바우하우스의 교수였다. 이런 경험을 통해 그의 회화는 건축에 영향을 받지 않았을까 싶다. 왜냐하면 클레의 회화는 비가시적인 것을 가시화하는 건축

적 선을 회화에 도입했기 때문이다. 다시 말해 그가 긋는 선은 창조의 선이다. 그리고 건축도 클레의 선과 마찬가지로 창조의 선이라고 생각한다. 다시 말해 건축가들이 긋는 선은 우리들의 삶을 조직하는 창조의 선이다. 특히 알레한드로 아라베나는 윤리적인 의도로 새로운 선들을 창조해서 빈민들에게 주거 혜택을 누리게 했다. 그는 빈민들의 주택이라는 잠재된 사물을 가시화했다.

내 친구도 이 관점에 서 있었다. 즉 윤리적인 의도로 새로운 선들을 창조하려 했던 것이다.

> "2014년 6월, 명성교회 맞은편의 아파트에서 한 남성이 투신자살한다. 그는 명성교회의 재정을 담당하던 박 모 장로다. 그의 죽음으로 10여 년간 비밀리에 관리되던 800억 원의 비자금이 공개된다. 교회 내부에서 부동산만 관리 및 전담하는 목사가 있는 부분을 포함해서, 교회라면 있기 힘든 비상식적인 규모와 방법으로 교단과 교계를 포함하여 사회를 경악하게 했다. 결국 2017년 11월 12일, 명성교회는 교단에서 금지하는 부자세습을 강행하게 된다."

친구의 졸업논문에서 인용한 글이다. 그리고 비자금 관련 기사를 적은 것은 그의 아버지다. 나도 이 사건을 계기로 교회를 옮겼던 사연이 있다. 아버지의 수난을 봐온 입장에서 교회 건축에 교회의 윤리성을 생각하지 않을 수 있겠는가. 그래서 친구가 도달한 결론은 축적과 반대되는 '증여'라는 개념이었다. 다시 말해 교회로 자본을 축적하는 것이 아니라 교회가 자본을 타인에게 증여하는 교회를 구상한 것이다. 그러면 교회는 윤리적인 의도로 창조되는 선들로서 타인에게 증여하는 교회라는 캐치프레이즈에 따라 조직될 것이다. 그러면 타인에게 향하는 교회의 '미'는 어떻게 될까? 타인과 어울리기 위해서는 접근하기 어려운 고고한 '미'가 필요할까? 당연히 친구가 도달한 결론과 같이 접근하기 쉬운 동네공원 같은 '미'일 것이다.

오마주

클레가 바라보는 한 천재가 있다. 세계를 살아가기에는 너무 과도한 두뇌를 형성한 탓일까? 굴곡진 선들로 직조된 그의 머리는 고단하며, 비스듬히 왼쪽으로 기운 그의 머리는 지성의 크기를 지탱하지 못해 중심을 잃은 듯 보인다. 삶의 중력을 마주하기에는 그의 안면은 너무 거대하고 불균등하다. 그래서 그의 머리는 삶의 중력을 견디지 못하고, 왼쪽으로 기울어져 쓰러질 것 같다. 하지만 천재는 왼쪽으로 쓰러질 듯 보이지만 왼쪽의 눈은 중력의 원천인 대지의 기운을 탐색하고 있다. 그는 세계에 패배하는 모습으로 위장하고 있다. 왜냐하면 천재는 왼쪽에서 패배하는 방법을 모르기 때문이다. 중력을 마주하는 거대한 머리는, 중력을 거슬러 그 거대한 머리를 간신히 견뎌내는 균형 있는 온몸을 직조해냈다. 패배로 위장한 기울어진 거대한 머리와 그것을 간신히 견뎌내는 온몸은 그의 오른쪽 눈을 세계의 중심에서 바라보게 한다. 그렇게 중심에 위치한 오른쪽 눈은 현재의 정면을 맹렬

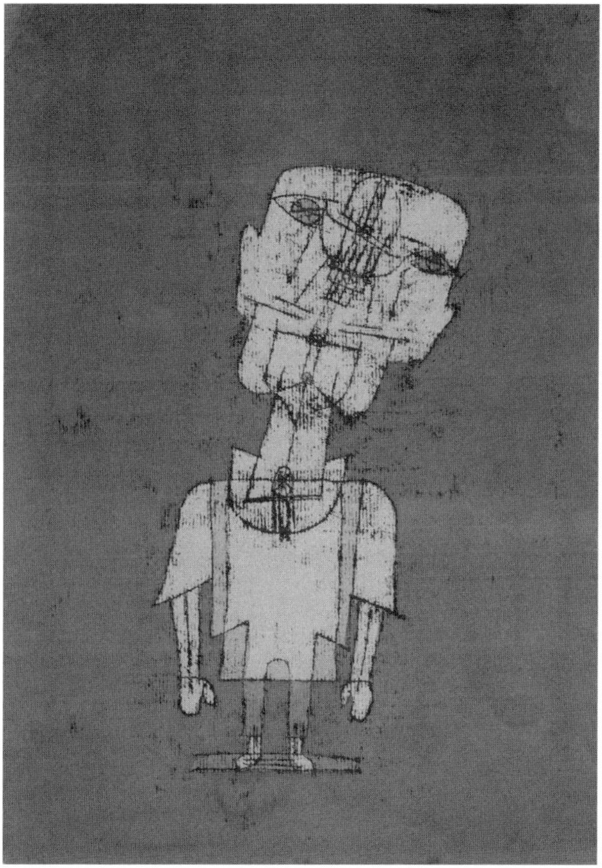

파울 클레, 〈천재의 유령〉

히 응시한다. 거대한 지성으로 직조된 거대한 머리는 간신히 균형 있는 신체로 세계를 짊어지고 있지만 때가 이르러 그가 발을 내디딜 때 천재는 마르크스가 언급한 대로 시대를 배회하는 유령들의 모습으로 출현할 것이다.

이우환을 위하여

시험공부를 했을 때 시험공부에 대한 가장 큰 보람을 느끼는 순간은 언제일까? 당연히 시험문제를 맞췄을 때다. 그러면 공부를 했을 때 가장 희열에 가득 찬 순간은 언제일까? 이것은 현실에서 벌어진 사건을 맞췄을 때다. 개인적으로 공부한 보람을 느꼈을 때가 있었는데 그것은 '조영남 대작사건'을 맞췄을 때다. 이 사건을 맞춘 것은 내가 순전히 머리가 영특해서라기보다는 예술을 가르쳐주는 선생님을 잘 둔 덕택이다. 내 예술선생은 미학자 진중권이다. 개인적으로 인생에서 가장 큰 지적전회를 느낀 순간은 진중권 선생이 유튜브에 업로드한 동영상을 통해 마르셀 뒤샹을 알게 됐을 때다. 변기가 예술로 느껴지는 순간의 지적충격은 아직도 잊지 못한다.

"이제 회화는 망했어! 누가 저 프로펠러보다 더 멋진 걸 만들 수 있겠어?"

"머트 씨가 그것을 직접 만들었는지 아닌지는 중요하지 않다. 그는 그것을 선택했다. 일상의 평범한 사물이 실용적인 특성을 버리고 새로운 목적과 시각에 의해 오브제에 대한 새로운 생각으로 창조된 것이다."

마르셀 뒤샹

산업혁명 이후 기계는 인간의 수공업보다 품질이 더 좋은 제품들을 생산하게 되었다. 예를 들면 카메라는 화가가 어떤 대상을 회화로 모사한 것보다 더 닮은 이미지로 모사할 수 있다. 장인적 수공업보다 기계가 더 좋은 양질의 제품들을 생산한다면 인간의 수공업은 무슨 의미가 있을까? 그렇다면 수공업으로 제작된 회화는 무슨 가치가 있을까? 유물론적 혁명 속에서 모더니스트 화가들은 기계적 현대성을 경유하려는 시도를 한다. 그리고 마르셀 뒤샹은 대답을 내놓았다. 마르셀 뒤샹은 예술의 수공업적 제작방식에 의문을 표한 뒤 그것을 거부했다. 그리고 그는 기계로 생산된 기성품을 예술의 전당에 올려놓는다. 그 행위와 함께 뒤샹은 예술이란 수공업적 제작방식에 의해 탄생하는 것이 아닌 작가가 대상을 선택해서 그것에 새로운 의미를 부여함으로써 탄생한다고 주장했다. 뒤샹 이후 예술은 더 이상 작가라는 예술적 주체가 제작하는 수공업적 제작방식은 필요가 없다. 뒤샹 이후의 예술은 작가가 단지 대상을 선택해서 새로운 의미를 부여하는 것만으로 대상은 예술이 된다. 그래서 예술은 마르셀 뒤샹 이후에 작품을 작가가 수공업적 제작방식으로 그리는 것이 아닌 개념을 생산하는 것이 된다. 그것에 의해 변기는 예술이 된다. 변기는 더 이상 작가가 만들 필요가 없다. 작가는 대상을 선택할 뿐이다. 20C 마르셀 뒤샹의 예술혁명 이후 작가는 더 이상 직접 작품을 제작할 필요가 없다. 그저 작품을 작가의 머리에서 구상만 하면 될 뿐이다. 그래서 조영남은 자신의 작품을 직접 그릴 필요가 없다. 그는 '화투'라는 대상을 선택하면 될 뿐이다.

진중권 선생은 이 사건에 진절머리가 나 자신의 트위터 계정을 폭파시킨 것으로 알고 있다. 그는 고통받았지만 나는 그 사건을 구경하면서 그로부터 배운 지식으로 사건의 정답을 맞혔다는 사실에 희열을 느끼고 있었다. 그리고 이 사건은 사법부에 의해 무죄선고가 났다. 그러나 당시에 이해가 되지 않는 것이 있었다.

> "어느 쪽이든, 분명한 것은 이를 따지는 일은 비평과 담론으로 다루어야 할 미학적-윤리적 문제이지, 검찰의 수사나 인터넷 인민재판으로 다루어야 할 사법적 문제는 아니라는 점이다. 거기에 형법의 칼날을 들이대는 것은 야만이다."
>
> 진중권의 「새論새評」

"성인 남녀의 잠자리 문제까지 법정에서 시시비비를 가려야 하는 세상이지만 세상의 모든 것을 법정에서 가려야 할까? 관습법이라 했던가? 사실 이번 조영남의 대작 사건은 미술계가 관습법 차원에서 다뤄야 할 일이지 실정법 차원에서 다룰 일은 아니었다. 미술사에서 이런 대작 시비가 법정에 간 예는 없다. 왜냐면 이는 미술을 어떻게 보느냐, 해당 작품을 어떻게 규정하느냐에 따라 달라지기 때문이다. 즉 마음, 생각, 양심의 문제다. 가치관을 법으로 심판하는 것이 무슨 의미가 있는지 모르겠다. (…)

그런데 혼란스러운 것은 그의 화투를 '그림'이라고 보기에는 개념적 요소가 있으며 개념적이라고 하기엔 '회화적'이다. 경계선에 양다리를 걸친 형국이다. '애매한 것을 정해주는 남자'도 정할 수 없는 미학적인 동시에 양심과 가치관의 문제다.

언제까지 이런 문제를 법에 맡길 것인가. 때론 재판의 대상이 '아니다'는 판결도 있어야 할 것 같다."

「정준모의 미술동네 설설」

조영남 대작사건 당시 진중권, 정준모를 비롯한 예술계에 종사하는 사람들 중 일부가 예술이 사법의 영역으로 들어가는 상황에 대해 굉장한 불쾌를 드러냈다. 그리고 추후에 사법부가 미술계의 자립성을 존중하며 예술영역에 사법자제의 원칙으로 두었고 이들은 사법부의 사법자제의 원칙을 판결문의 핵심적 가치로 두었다.

> 미술작품의 거래에서 기망 여부를 판단할 때에는 그 미술작품에 위작 여부나 저작권에 관한 다툼이 있는 등의 특별한 사정이 없는 한, 법원은 미술작품의 가치 평가 등은 전문가의 의견을 존중하는 사법자제 원칙을 지켜야 함
>
> 대한민국 대법원

이것은 무슨 현상일까? 이들은 왜 예술영역을 사법이 자제되어야 하는 영역이라고 여겼을까?

> "예컨대 정치학 등에서는 습속이나 촌락, 국가와 개인 사이에 실재하는 다양한 집단을 두고 중간단체 혹은 중간세력이라고 말합니다. 이 중간단체, 중간세력이라는 것은 몽테스키외의 생각인데 미야자키가 말하는 개별사회는 그것과 거의 같은 의미입니다. 단, 미야자키 마나부의 독자적인 인식은 전체사회와 개별사회를 법과 법도라는 관점에서 구별한 점이 있습니다.
>
> 예컨대 마을의 공동체도 되고 미야자키가 예로 드는 야쿠자 조직도 되겠는데, 개별사회라는 것에는 그 속에 공유되고 있는 규범도 있습니다. 그것을 법도라고 부릅니다. 법도는 법처

럼 명문화되어 있지 않으며 벌칙도 아니지만, 사람들은 그것을 좀처럼 깨트리지 않습니다. 법도에서 금지되어 있는 것을 말하자면 조리돌림 당하기 때문입니다. 한편 법이라는 것은 개별사회 바깥에서 더 이상 법도가 통용되지 않을 것 같은 곳에서 성립합니다. 예컨대 국민국가 같은 추상적인 '전체사회' 속에서 공유되고 있는 규범은 법도가 아니라 법이죠. 예컨대 집 안에서 아무리 심한 폭력 사태가 일어날지라도 경찰을 부르는 일은 좀처럼 생기지 않지요. 어찌하든 가정 안에서, 혹은 친척이나 지인 사이에서 해결을 보려고 하죠. 그랬는데도 해결이 되지 않으면 경찰이, 즉 법이 불려옵니다. 어느 것도 공동의 규범이지만, 그 점에서 개별사회의 법도와 전체사회의 법은 다릅니다."

가라타니 고진, 『사상과 지진』

미야자키 마나부는 법과 법도를 구분한다. 그리고 진중권, 정준모가 속해있는 예술계는 국가와 개인 사이에 존재하는 중간사회다. 그러므로 예술계는 법도가 지배하는 사회다. 그래서 이들은 국가라는 전체사회의 법이 법도의 영역에 침범하는 사태에 불쾌를 느끼는 것이다. 이들은 중간사회에 통용되는 관행을 중시하며 이 관행을 법을 통해 깨트리려는 행위에 반발을 표한다. 진중권과 정준모는 회화적인 요소와 개념적인 요소가 혼재되어 있는 조영남의 회화의 문제는 법도의 영역에서 풀어야지 법을 통해 해결하려고 하면 안 된다고 한다. 그러면 왜 이들은 법이 아닌 법도를 통해 해결해야 한다고 할까?

"국가권력 앞에서 평등하게 부복하는 신민의 창출이 저항다운 저항과 거의 마주치지 않고 성공했던 배경에는 물론 교육권을 국가가 일찍이 독점했던 것이 큰 의미를 갖습니다. 국가가 국민의 의무교육을 행한다는 것은 오늘날 근대국가의 상식이 되어 있는 것입니다만, 그 제도가 일본만큼 대수롭지 않고 부드럽게 행해진 나라는 드뭅니다. 왜냐하면 유럽에서는 교회라는 대단히 큰 역사적 존재가 국가와 개인 사이에 있었고 그것이 자주적 집단이라고 말해지는 것 즉 국가에 의해 만들어진 집단이 아니라 권력으로부터 독립한 집단의 이른바 규범이 되고 있었습니다. 그 교회가 교육을 전통적으로 관리했던 것이죠. 그래서 교회와 국가 간의 교육관을 둘러싼 대단히 큰 싸움은 어느 나라에서든 경험하고 있습니다. 그런데 일본에서는 이미 도쿠가와 시대로부터, 예컨대 불교의 사찰은 완전히 행정기구의 말단이 되어 있었죠. 즉 일본에서 사원은 이미 자주적인 집단이 아니었습니다. 따라서 서당식 교육을 국가교육으로 대체하는 일은 지극히 손쉬운 것이었습니다. 이외에도 서양에서는 자치도시나 지방의 코뮌이 마찬가지로 국가권력의 만능화에 맞서는 요새가 되어 자주적 유토피아의 전통을 만들려는 움직임을 보였는데, 이 점에서도 일본의 도시는 거의 대부분 행정도시가 되어 있었으며 그나마 도쿠가와 시대의 마을에 약간 남아있던 자치조차 조손[행정구역 단위]제도에 의해 완전히 관치행정의 말단으로 집어 삼켜졌습니다 .그렇기 때문에 중앙집권국가가 완성될 때엔 이미 국가에 대항하는 자주적 집단은 거의 대부분 없어진 것이었던바, 이 점에서도 자유 없는 평등화, 제국신민적인 획일화가 대단히 일찍 진행되고 있었다고 하겠습니다."

마루야마 마사오, 『사상과 정치』

실제로 현시대의 교회도 진화론이 아닌 창조론을 가르치는 것은 매우 일반적인 현상이다. 그리고 이들은 국가가 세금을 매기는 것에 굉장한 불쾌를 느낀다. 더 나아가 코로나 시국에서 국가권력이 현장예배를 금지시키는 행위를 굉장한 자유권 침해로 여겼다. 나도 권고가 아닌 국가가 벌금을 매기기로 했을 때 굉장한 불쾌를 경험했었다. 그리고 내 전도사 친구는 노숙자들의 주거문제를 나처럼 일반의지를 통한 해소가 아닌 교회라는 중간사회의 운동을 통해 해소하려고 했다. 이것들은 중간사회가 국가라는 전체사회의 법이 법도에 개입하는 것에 불쾌를 느끼는 것과 같다. 이러한 법도가 법에 의해 잠식되면 어떻게 될까? 그것은 마루야마 마사오가 우려한대로 모든 개인의 '일본화'가 벌어진다.

> "그러나 '중간세력'이란 일반적으로 다음과 같은 것이라고 말해야 합니다. 예컨대 몽테스키외는 민주주의를 보증하는 중간세력을 귀족과 교회에서 발견했던 것인데, 양쪽 모두 심각한 것이었습니다. 프랑스 혁명에서 그러한 세력이 박살나고 말 수밖에 없죠. 그러나 그 결과, 전제정에 저항하는 집단이 사라지고 말았던 겁니다."
>
> 가라타니 고진, 『사상과 지진』

한국사회는 일본사회를 바라보며 혁명이 없는 나라, 자민당이 평생 집권하는 나라, 국가에 너무 순종적이며 극우성이 지배하는 사회로 바라본다. 가라타니 고진은 이것의 원인을 일본에 중간사회가 부재한 현상으로 지목한다. 한국은 부당한 사안이 발생하면 시위를 통해 해소하지만 일본은 시위가 존재하지 않는다. 1960년대 전공투로 대표되는 투쟁이 있었지만 그 이후에 국철노동자조합의 해체, 일본교직원조합의 탄압 등 여러 중간사회가 해체됨으로써 데모 없는 사회가 됨과 동시에 전제적인 사회가 되었다고 한다. 이것은 법에 의한 법도의 소멸이다. 그래서 대한민국 예술계의 종사하는 사람들이 법이 예술계에 침범하는 현상에 불쾌를 느끼고 저항했던 것이다. 그러나 나는 이미 법이 예술계라는 중간사회에 침입했다고 생각한다. 왜냐하면 이우환의 법도가 법에 의해 해체되었기 때문이다.

> (서울=연합뉴스) 강애란 기자='한국 현대미술의 거장' 이우환 화백 작품의 위작을 만들어 판매한 화랑운영자와 골동품상에게 실형이 선고됐다.
>
> 서울중앙지법 형사합의25부(김동아 부장판사)는 18일 사기 및 사서명위조 등의 혐의로 기소된 현모(67) 씨의 선고공판에서 징역 4년을 선고했다.
>
> 범행에 가담해 함께 재판에 넘겨진 화가 이모(40) 씨는 징역 3년에 집행유예 5년을, 골동품상 이모(68) 씨는 징역 7년을 각각 선고받았다.
>
> 이어 "작가의 의견이 중요하기는 하지만 피고인들의 신빙성 있는 진술과 사실관계를 고려해볼 때 작가의 의견을 더 우월한 것으로 볼 수 없다"고 덧붙였다.

이우환의 위작이 홍콩경매에서 1억 8600만 원에 팔렸다는 의혹이 제기되었고 경찰조사에 의해 위작으로 판명되었다. 또한 위작범들은 조사과정에서 위작을 했다고 자수하였다. 하지만 이우환은 법에 의해 위작이라 판명된 작품들이 자신의 작품이라고 주장하였다. 그런데 생각보다 문제는 까다롭다. 위작범들이 위작을 했다는 증언이 거짓일리도 없지 않는가? 법과 법도가 충돌한 것이다. 설령 그렇다고 할지라도 나는 법도의 손을 들어주고 싶다. 이미 현대예술의 법도에서는 작가에 의해 파생되지 않은 작품의 사건을 자신의 사건으로 사후에 승인하는 법도가 있기 때문이다. 예를 들어 마르셀 뒤샹의 작품 '큰 유리'를 보면 작품을 구성하는 유리가 깨어진 것을 볼 수 있다. 그러나 깨진 유리는 마르셀 뒤샹에서 나온 개념이 아니다. 이것은 마르셀 뒤샹이 작품을 완성하고 짐꾼들이 그것을 옮기던 와중에 작품을 실수로 깨버린 것을 뒤샹이 사후적으로 자신의 작품으로 승인한 것이다. 그렇다면 이 맥락에서 봤을 때 위작범들의 작품은 이우환이 사후적으로 승인할 수 있는 것이 아닌가? 자신에게서 파생된 것은 아닐지라도 그는 그것을 자신의 것으로 승인할 수 있다. 물론 이 작품을 구매한 사람들이 나는 그 개념을 구매하지 않았다고 환불을 요청했을 때는 그에 상응하는 해결책이 제시되어야 할 것이다. 그렇다고 그 작품들이 위작인 것은 아니다.

나는 이우환을 지지한다. 그것도 정치철학적인 맥락에서 지지한다. 법은 예술의 법도로부터 물러나야 한다. 법에 의해 판명된 위작이라 여겨지는 것들은 이우환의 작품이다. 아니! 더 나아가 나는 이렇게 기도한다. 이우환의 이름으로 위작범들의 죄는 사해질지어다. 아멘! 나는 이우환 조수들의 석방운동을 전개한다.

도래한 현실

'제2의 ○○'이라는 수식어가 있다. 메시처럼 마라노나의 경지에 오르는 사람들도 있지만 대다수의 '제2의 ○○'들은 '제1의 ○○'과 같은 경지에 이르지 못하는 것이 현실이다. 대통령쯤에 이르면 좋든 싫든 그는 현대사의 정점에 선 인물임이 틀림없다. 그리고 자연히 그들의 계파가 생겨 그의 정치적 성향을 잇고, 그를 따르며, 그의 정치적 결정이 현실에서 채택되기 위해 그를 보좌한다.

좋은 사람이든 나쁜 사람이든 한 분야에 정점에 서면, 그를 닮으려는 사람들은 자연히 출현하기 마련이다. 노무현 대통령 집권 당시, 노무현의 후계자로 불리던 이가 유시민이라고 알고 있다. 노무현 대통령 재직 당시, 그가 대통령 경호실장이라 불렸던 것만 봐도 대중들이 그를 어떻게 인식했는지 알 수 있다. 그리고 박근혜 대통령 탄핵 이후 친노의 화려한 재복권 속에서 그가 친노의 맹주가 아닌 여전히 친노의 경호실장으로서 역할을 맡는 것을 보면 노무현을 넘어선 것 같지는 않다. 그래서 그가 '조국사태'

당시 보인 영향력에 놀랐다. 그 사건에서 그는 노무현을 넘어선 영향력을 보인 것이다.

노무현 대통령 재직 시절, 그는 언론과 불편한 관계를 맺었던 걸로 기억한다. 특히 '조중동'이라 일컬어지는 《조선일보》, 《중앙일보》, 《동아일보》로 대표되는 보수일간지와 관계가 매우 나빴는데, 그때는 디스플레이로 뉴스를 접하는 시대가 아니라 종이 일간지로 뉴스를 접하는 시대로, 그들의 권위는 대통령을 능가하는 시대였으며 《조선일보》 사주들은 '밤의 대통령'이라 불릴 정도로 여론을 조성해 대한민국 정치계에 영향을 미쳤고, 나름의 진보를 표방하는 노무현 대통령의 정치적 행보에 큰 타격을 주었다. 그 때 당시 이런 보수일간지들의 편향적 여론조성에 대항하여 '안티조선'이라는 운동이 벌어질 정도였으니 이것은 사회문제라 불러도 과언이 아니었다. 하지만 현재 《조선일보》로 대표되는 보수일간지들의 여론 조성력은 대수롭지 못하다. 왜냐하면 김어준의 영향력보다 못하면 못했지 더하다는 생각은 들지 않기 때문이다.

기존 신문들의 영향력 급감이 당연히 미디어 매체의 환경 변화 탓이라는 건 모두가 아는 사실이다. 스마트폰이 보급되면서 정보를 제공받는 환경이 급변했고 우리는 네트워크의 다양성 속에서 정보를 공급받는다. 하다못해 음모론쟁이의 영향력이 1등인 시대를 보고 있지 않은가. 이런 사실들을 볼 때 우리는 백남준이 예견했던 시대를 살고 있다. 그는 1984년 1월 1일 조지오웰이 예견했던 빅브라더를 조롱하듯 작품을 세상에 내놓았다. 그 작품이 바로 〈굿모닝 미스터 오웰〉인데, 그는 이 작품을 출품하면서 첨언했다.

> "굿모닝, 미스터 오웰, 당신을 만날 시간이에요. 빅브라더는 당신을 지켜보고 있지 않아요. 하지만 텔레비전은 우리의 뇌를 먹지요. 말해봐요, 난 지금 뭘 하고 있는 거죠? 여러분, 난 지금 여러분의 뇌를 먹고 있어요. 하지만 조지, 당신은 오버했던 것 같아요. 어떤 것들은 아직도 남아 있어요. 봐요, 당신은 좀 틀렸어요."

네트워크에 기반한 인터넷 매체가 발달하기 이전까지는 자본 위에 구축된 정보생산 매체가 우리의 정보체계를 구성했던 것 같다. 이런 정보매체 환경에서 과거 《조선일보》의 사주들을 통칭했던 '밤의 대통령'과 같은 빅브라더의 존재는 심히 거슬렸을 것이다. 하지만 이런 미디어 환경 속에서 백남준은 개인이 영상을 제작해 인공위성을 통해 전 세계로 자신의 동영상을 송출했다. 참으로 재미난 말이다. '텔레비전은 우리의 뇌를 먹지요. 난 지금 여러분의 뇌를 먹고 있어요.' 이것이 무슨 뜻일까 유추해보면 아마 빅브라더 같은 거대 자본이 아닌 개인의 정보생산을 통해 정보체계를 구축할 거란 예상일 것이다.

백남준이 예견했던 세계는 현재 유튜브를 정점으로 개인들이 영상을 제작해 직접 송출하고 있다. 이것은 세계를 어떻게 변화시켰을까? 세계는 정반대로 변화했다. 그 증거로 과거 노무현이 검찰에게 당했던 수난은 검찰의 수난, 즉 윤석열의 수난이 되었고 또한 기성 언론이 노무현에게 거뒀던 승리의 세계는 KBS법조팀을 해체하는 유시민의 승리로 바뀌었기 때문이다. 그리고 과거 노무현 대통령이 당했던 논두렁 시계는 유시민의 허위사실 유포로 인해 한동훈이 당했다. 세상이 변했다는 사실이 이토록 체감되었던 적이 없다. 노무현도 하지 못한 일을 노무현 다운그레이드 버전인 유시민이 했다는 사실에 새삼 놀라지 않을 수가 없다.

잉태된 변화의 시제

때는 부활절. 부활절이면 교회에서 틀어주는 단골 영화가 있다. 그것은 멜 깁슨 감독의 〈패션 오브 크라이스트〉로 그리스도의 수난이 고증적으로 드러나는 영화인데 그 묘사가 아주 끔찍하다. 고어물이라 해도 손색이 없을 정도의 묘사는 인류의 죄를 대속한 이가 걸어가는 고통을 절로 알 정도로 묘사가 훌륭하다면 훌륭하다.

나는 교회 행사에 적극적으로 참여하는 걸 좋아하지는 않아서, 10년이라는 시간이 지나 이 영화를 다시 보았다. 그런데 아주 오랜만에 본 이 영화는 새삼 색다르게 다가왔다. 이 영화는 멜 깁슨이 그리스도의 수난을 꽤 충실히 고증했고 의미가 왜곡되지 않게 각색도 잘했는데 무엇보다 그리스도의 수난 장면 중 한 장면을 각색해 묘사한 장면이 특히 새롭게 다가왔다. 그 장면은 바로 예수의 어머니 마리아가 십자가를 짊어지고 가는 예수를 바라보는 장면인데, 십자가를 짊어지는 예수의 모습과 어린 시절 예수가 길에서 넘어지는 모습이 중첩되는 장면이다. 어린 시절 길에서 넘어져 조그마한 상처가 나는 모습에 놀라 예수에게로 뛰어가는 모습과 상처투성이로 십자가를 짊어지고 걷다 쓰러지는 자기 아들의 모습에 괴로워 아들에게 달려가는 모습이 중첩을 이루는 장면에서는 모성애가 절로 드러난다. 하지만 그것을 대하는 예수의 모습이 참으로 압권이다.

엄마가 여기 있단다.

보소서, 어머니! 저는 모든 것을 새롭게 할 것입니다.

우리가 지닌 자유의지란 무엇일까? 우리는 내가 동의하지 않는 구조 속에서 태어나, 나를 핍박하는 세계의 구조 속에 내던져 진다. 다시 말해 약육강식이라는 경쟁이 벌어지며 타자를 짓밟을 때야 비로소 내가 사는 세계를 목도한다. 세계의 구조가 이렇게 짜여있는데 내가 뭘 어쩔 수 있단 말인가. 하지만 예수는 다른 태도를 보여준다. 다시 말해 그 모습은 즉 세계와는 다른 '나'라는 존재, 세계 속에 거주하고 그 틀 속에 살아가지만 그 틀에 대한 변항으로서의 '나'의 존재를 인식하며 살아가는 모습을 보여준다. 그는 로마의 구조, 혹은 자신을 모함하는 세계의 구조를 변화의 시제로 받아들인다.

세계의 구조에 얽혀있지만 그것과는 독립된 길을 걸어갈 수 있다는 '나'의 자유의지, 세계를 괄호 치며 세계와 독립된 길을 발견할 수 있는 능력인 자유의지는 축복이 아닌 비극이다. 왜냐하면 너무나도 막막한 현실과 함께 세계의 먼지로서 존재하는 나를 목도하기 때문이다. 그러나 예수는 그 길을 걸었다.

그의 운동이 성공했을까? 세계는 여전히 너무나도 막막하지 않은가. 하지만 분명히 세계에 대한 변항으로서의 '나'가 존재하는 것도 사실이다. 세계에 얽힌 나의 운동은 세계와 연결되어 세계를 변화시킬 수 있을까? 적어도 예수는 그렇게 할 수 있다고 답했다.

일탈

시대를 초월하는 작가들이 있다. 대문호라 일컬어지는 도스토옙스키는 분명 시간을 초월하여 길이길이 읽힐 작가라 할 수 있다. 도스토옙스키와의 첫 만남은 11살, 당시 도서관 사서였던 나의 친모는 어린이 책을 읽고 있던 나에게 욕심이 동했는지 어른들이 읽는 책들이 모인 곳에 나를 밀어 넣었다. 활자의 수준이 급격하게 높아진 나로서는 가장 만만하게 읽을 수 있는 게 무엇일까 고민하다가 자연스럽게 비문학이 아닌 문학을 선택했다. 자연스러운 수순으로 선택한 책들은 세계문학전집이었고 그 선택은 평생에 걸쳐 후회한다. 당시 나이로서는 대문호들의 생각을 담아낼 그릇이 안 돼서 이해를 못했지만, 작가들이 자신의 생각들을 전개해 나가기 위한 장치들은 자못 충격적으로 다가왔다. 그 장치들 중 가장 이해가 안 됐던 책이 도스토옙스키의『죄와 벌』이었다. 소설의 장치 중 여주인공 '쏘냐'의 직업이 문제였는데, 쏘냐의 직업은 '매춘부'였고 그녀는 성스러운 존재라는 소설 속

사실이다. 성에서 깨어나기 전이었어도 '매춘부'라는 직업의 부정성은 느껴졌고 이윽고 고민에 빠졌다. '왜 매춘부가 성스러운가?' 여기서부터 삶의 쓸데없는 고민들이 시작됐던 것 같다. 지금도 시간의 무게를 초월하는 책들은 20세 이후에 읽는 게 좋다고 생각한다.

그리고 20세 이후에 도스토옙스키와의 만남은 굉장히 흥미로웠던 것 같다. 20세 이후에 만난 도스토옙스키의 작품은『지하로부터의 수기』이며 아직도 가장 좋아하는 책 중 하나다. 하지만 이 책보다 더 좋아하는 글이 있는데, 그것은 이 책의 부록에 있는「나는 왜 도박을 하는가」이며 속된 말로 위대한 작가의 똘끼가 다분히 느껴지는 글이다. 요지는 간단하다. 도스토옙스키는 젊은 시절 사회주의 모임에 가입했는데 이게 잘못돼서 사형을 언도받는다. 그리고 사형대에서 군인들이 자기에게 총을 겨누고 사형집행이 되려는 순간 황제로부터 파발이 와 사형이 중지되는 기적을 경험한다. 도스토옙스키가 술회하기를 죽음의 경험은 작가로 활동하는데 남보다 앞서는 자양분이 되었다고 한다. 하지만 사람이란 망각의 동물이라 이런 죽음의 경험을 까먹는다고 한다. 베스트셀러 작가로서 돈이 많아져 풍족한 생활을 향유하다 보니 이 경험이 자신으로부터 낯설어지게 된다는 것, 그래서 그 죽음의 경험을 되찾기 위해 도박을 해 전 재산을 탕진한다는 것이다. 전 재산을 탕진하는 순간 죽음의 기억이 다시 돌아와 글의 자양

분이 된다는 것이 그의 주장이었다. 이 글을 보고 낄낄 웃었던 기억이 있다.

위대한 예술가에게는 속된 말로 저마다 똘끼가 있는 것 같다. 이 글의 경험 때문일까. 카니예 웨스트가 '도널드 트럼프'를 지지할 때 '그래! 너는 해도 괜찮아.'라고 생각을 했다. 물론 정도껏 해야겠지만.

유물론의 시차

"자유주의가 가져온 부의 불평등은 자유주의자에게 중요하지 않았습니다. 예를 들어, 스미스적 자유주의를 이어받은 하이에크는 자유와 평등의 모순은 말하자면 시간적으로 해소된다고 말하고 있습니다. 부유한 사람들은 고가의 물건을 살 수 있는 데 반해, 가난한 사람은 그럴 수 없습니다. 하지만 산업자본주의 이후의 사회에서는 그 이전과 달리 가난한 사람도 옛날의 부자 이상의 것을 소유할 수 있습니다. 우리가 아는 진보적 사회에서는 비교적으로 진보합니다. 비교적 부유한 사람들은 다른 사람들보다 아주 조금 앞서 물질적 이익을 향수하는 것에 지나지 않습니다. 부유한 자의 지출 대부분은 결과적으로 이후 가난한 자가 이용한 새로운 것의 실험비용지불에 해당됩니다. 새로운 고가의 생활양식이 일반인에게까지 손이 미치도록 할 방법이란 처음에는 일부 사람들에 의해 실천되는 것밖에는 없습니다.

이것을 가까운 예로 말하자면, 자동차든 워드프로세서든 처음에는 매우 고가의 물건이었습니다. 정말 일부의 사람밖에 살 수 없었습니다. 하지만 누군가 사지 않는다면, 그것은 생산되지 않으며 개량되지도 않을 것입니다. 그리고 이제 많은 사람이 자동차나 워드프로세서를 가지고 있습니다. 빈부의 차이는 현재를 고정시켜 보았을 경우 분명 존재하지만, 진보하고 경제적으로 발전하는 사회에서는 시간차가 있을지 모르지만, 결국 해소된다는 것입니다. 그들이 생각하기에 이 이외의 방법으로 '평등'을 실현하려고 하면, 반드시 국가(이성)주의로 귀결되어 '자유'가 손상될 뿐 아니라, 결과적으로 '빈곤한 평등'으로 귀결된다는 것입니다."

가라타니 고진, 『문자와 국가』

이 글을 읽고 마르크스의 「포이에르바하에 관한 테제」에 대해 새롭게 고찰하게 됐다. 마르크스가 주장하는 유물론이란 다음과 같다.

"이제까지의 모든 유물론(포이에르바하의 것을 포함하여)의 주된 결함은 대상, 현실(Wirklichkeit), 감성(Sinnlichkeit)이 단지 '객체 또는 관조(Anschauung)'의 형식 하에서만 파악되고, '감성적인 인간 활동, 즉 실천'으로서, 주체적으로 파악되지 못한다는 점이다. 따라서 '활동적' 측면은 유물론과 대립되는 관념론—이것은 물론 현실적이고 감성적인 활동 그 자체는 알지 못한다—에 의해 추상적으로 전개되었다. 포이에르바하는—사유객체와는 현실적으로 구별되는—감성적 객체를 원했다. 그러나 그는 인간활동 자체를 '객관적' 활동으로는 파악하지 못했다. 따라서 그는 『기독교의 본질(Wesen des Christenthums)』에서 오직 이론적인 태도만을 참된 인간적 태도로 보고, 반면에 실천은 단지 저 불결한 유대적 현상형태 속에서만 파악하고 고정시켰다. 따라서 그는 '혁명적인', '실천적·비판적인' 활동의 의미를 이해하지 못했다."

칼 마르크스, 「포이에르바하에 관한 테제」

마르크스는 포이에르바하가 유물론을 혁명적이고 실천적인 활동의 측면을 파악하지 못하고 저 불결한 관조적이고 유대적인 현상형태 속에서만 파악했다고 비판한다. 그런데 마르크스의 바램처럼 유물론이 프롤레타리아 혁명에서 봉사하기를 바라는 것과 달리 아이러니하게도 가라타니 고진이 파악한 바에 의하면 유물론의 혁명적이고 실천적인 활동은 자본가에게서 일어난다는 사실이다. 우습게도 유물론을 혁명적이고 실천적으로 활용하려면 자본이 필요하다는 것이다. 이 아이러니한 사실을 알고 나는 순간적으로 얼음이 되었다. 유물론은 부르주아에게 유익한 이론이라는 것을 보았기 때문이다.

물론 나는 유물론을 완전히 포기하진 않았다. 가라타니 고진이 고찰한 자본주의에서 노동자가 주체로 떠오르는 '소비의 장'에 아직 희망을 보기 때문이다.

> "그것은 화폐, 요컨대 '사는 입장(등가 형태)'이 지니는 능동성이다. 노동력 상품을 파는 인간은 수동적일 수밖에 없다. (…) 그러나 그 점은 자본에 대한 노동자의 대항이 불가능하다는 것을 의미하지 않는다. 자본의 운동 G(화폐)−W(상품)−G'(화폐), 요컨대 잉여가치의 실현은 마지막에 그 생산물이 팔리느냐 마느냐에 달려있다. 잉여가치는 총체로서 노동자가 스스로 만든 것을 되사는 것에서만 존재한다. 생산과정에서 자본가와 노동자의 관계는 확실히 '주인과 노예'이다. 그러나 자본의 '변태' 과정은 일면적일 것일 수 없다. 자본은 이 과정에서 한 번은 파는 입장(상대적 가치 형태)에 설 수밖에 없는 것이다. 그리고 여기에 노동자가 유일하게 주체로서 나타나는 자로 존재한다. 그것은 자본제 생산에 의한 생산물이 팔리는 자, 요컨대 '소비'의 장이다. (…) 자본에게 있어 소비는 잉여가치가 최종적으로 실현되는 장이자 소비자(노동자)의 의지에 종속당하게 되는 유일한 장이다."
>
> 가라타니 고진, 『트랜스크리틱』

결국 자본주의는 한번 팔리는 입장인 소비의 장에 선다. 소비의 장이란 노동자가 주체로 서는 장으로서 자본가가 유일하게 소비자의 욕망에 종속당하는 장이다. 그러면 생산자를 마주할 때 노동자가 갖는 근본적인 욕망은 무엇일까? 그것은 자신도 주인의 입장에 서는 생산자가 되는 것이다. 그래서 이 소비의 장을 통해 결국 자본가가 소비자로부터 잉여가치를 획득하기 위해 자신의 무기인 생산재를 사적체계로 진화시켜 소비자에게 판매하지 않을까 하는 기대가 있다. 왜냐하면 자본가란 소비자의 욕망을 파악해 그것을 상품으로 전화시켜 잉여가치를 획득하는 자들이니 말이다. 백남준의 〈굿모닝 미스터 오웰〉도 이런 사실에서 탄생한 현실 아닌가? 우리는 유튜브에 자신이 직접 영상을 제작해 송출함으로써 빅브라더 체제를 해체한 시대를 살고 있다. 이와 유사하게 언젠가 생산도 사적체제로 전환되어 모든 개인에게 떨어지지 않을까 하는 기대가 있다. 그리고 이것은 애플의 자본주의 강령인 '멋진 도구를 사람들에게 주세요. 멋진 일을 해낼 겁니다'에서 명백히 관찰할 수 있다.

하지만 문제는 역시 시차다. 유물론이 시차를 발생시킨다는 사실이 이 이론을 답답하게 만든다. 이것은 가라타니 고진의 이론에서 느끼는 답답함과 유사하다.

"예를 들어, 칸트는 지금까지의 과정을 보아 세계사가 '목적의 나라(도덕법칙이 실현된 세계)'를 향해 점진적으로 나아가고 있다고 간주해도 좋다고 말한다. 이와 같은 이념은 '규제적 이념'이다. 즉 그것은 '구성적 이념'과 다르게 결코 실현되지 않지만, 우리가 그것에 다가가려 노력하는 지표로서 계속 존재한다."

가라타니 고진, 『세계사의 구조』

칸트에게서 필연성은 가상이다. 그래서 그는 말하기를 목적의 나라는 가상으로 존재하는 지표로서 그것은 '사전'의 입장에서서 서서히 다가가는 수밖에 없다고 말한다. 다시 말해 이것은 목적의 나라로 진입하는데 목적의 나라는 가상일뿐만 아니라 장대한 시차가 존재한다는 말이다. 그래서 칸트의 입장은 자유주의를 연상케 한다. 그리고 유물론은 자유주의와 유사하다는 사실을 깨닫게 된다. 왜냐하면 유물론이란 평등을 위해서 계급과 장대한 시차를 필요로 하기 때문이다. 물론 유물론은 가상이 아닌 실제의 형식이다. 하지만 유물론에는 과연 '지금 여기'가 존재하는가?

마르크스도 무의식적으로 이 사실을 주지하고 있는 듯하다.

"프루동파가 파리코뮌에의 봉기를 기도했을 때, 마르크스는 강하게 반대했다. 그는 사회주의자는 국가권력을 탈취하는 대신에 먼저 패전에 혼란에 있던 파리와 프랑스를 다시 세우는 것에 전념해야 한다고 주장했다. (…) 마르크스가 봉기에 반대한 이유는 이것이 한 도시, 또는 기껏해야 일국의 혁명에 지나지 않았기 때문이었다. 코뮌이 바로 외부 국가의 간섭이나 방해와 만날 것이 뻔히 보였다. 다른 국가가 있다면, 일국 안에서 국가를 지양하는 것은 불가능하다. 바꿔 말해, 사회주의혁명은 일국만으로는 있을 수 없다. 그것은 세계 동시혁명으로서만 가능하고, 또 그것은 세계자본주의에 의한 '보편적 교통' 하에서 가능하다."

가라타니 고진, 『세계사의 구조』

마르크스는 파리코뮌 혁명을 반대했다. 이유는 간단하다. 왜냐하면 유물론적 진행이 혁명에 충분히 도달하지 못했기 때문이다. 다시 말해 세계가 하나 되는 '보편적 교통'이라는 유물론적 진행이 미완이기 때문에 혁명은 거두어야 한다는 것이 마르크스의 논지다. 여기서 유물론은 자유주의를 내포한 이론이라는 것이 이 사실에서도 밝혀진다. 즉 우리는 혁명을 일으키기 위해서는 부르주아가 발전시키는 유물론이 혁명에 도달하는 장구한 때를 기다려야 한다. 유물론이 장대한 시차를 발생시킨다는 사실을 들뢰즈는 정확히 포착했다.

"『사물에 본성에 관하여』의 첫 번째 두 권은 물리학의 이 근본적인 대상, 즉 무엇이 참으로 무한한가 그리고 무엇이 그렇지 않은가를 결정하는 것, 그리고 무한한 참과 거짓을 구분하는 것에 부합한다. 참으로 무한한 것은 원자들의 합, 진공, 원자들과 진공의 합, 똑같은 크기와 모양을 가진 원자들의 수, 유사하거나 상이한 이 세계들과 조합들의 수이다. 무한하지 않은 것은 물체와 원자의 부분들, 원자의 크기와 모양, 그리고 특히 세계의 또는 세계 내의 조합들이다. (…) 원자들은 떨어지면서 충돌한다. 이는 무게의 차이에 기인하는 것이 아니라 가로지름(clinamen)에서 기인한다. 가로지름은 충돌의 원인이며, 하나의 원자를 다른 원자와 부딪치게 만든다."

들뢰즈, 「루크레티우스와 시뮬라크르」

들뢰즈는 우리 안에 내재하는 미시세계, 개체에 앞서 선험적으로 존재하는 원자들의 운동으로 인한 조합들이 우리의 감각세계를 구성한다고 말한다. 그리고 그는 세계에 선험적으로 존재하는 원자의 가로지름의 성질에 주목하며 유물론으로 현세의 자유를 획득하려 한다. 유물론적 흐름은 기본적으로 가로지름에 의해 자연스럽게 총체적인 구조를 만들고 해체하는 성질로서 감각세계의 자유를 담보한다.

"그것은 전혀 다른 어떤 것인 '원자의 법칙(lex atomi), 즉 원인들이나 인과 계열들의 환원 불가능한 다수성, 원인들을 하나의 총체로 결합할 수 없는 불가능성을 드러낸다."

들뢰즈, 「루크레티우스와 시뮬라크르」

하지만 들뢰즈는 마르크스가 강조한 혁명적이고 실천적인 유물론을 관조의 형식으로 되돌린다. 이러한 '질료 내재주의'는 자유주의 형식이다. 들뢰즈는 형이상학적으로 선재하는 원자들의 가로지름 운동으로 인한 유물론의 내재적 성질에 의해 유물론이 자연스럽게 헤게모니를 해체한다고 주장한다. 그런데 이 가로지름으로 인한 유물론적 해체는 장구한 세월의 시차를 발생시킨다는 사실이다. 다시 말해 그는 유물론이 가로지름으로 인한 내재적 운동으로 사물을 탄생시키며 또한 그것을 해체한다고 하는데, 문제는 이 사물이 탄생한 이후 사물을 해체하는 시점에서 매우 장구한 세월을 필요하게 한다는 사실이다. 그리고 여기에는 그가 무의식적으로 눈치챈 함정이 도사리고 있다. 그는 『천의 고원』에서 무의식적으로 이것을 눈치챘는데, 왜냐하면 그는 유물론적 흐름이 암세포처럼 전이되어 모든 것을 파시즘화 하는 것을 언급하고 있기 때문이다. 다시 말해 유물론적 흐름의 파시즘화는 그가 『차이와 반복』에서 언급하다시피 개체의 지하에서 으르렁거리는 헤라클레이토스를 길들이는 것을 포기한 사태에서 발생한다. 이 개체가 통제할 수 없는 영역에서 자연적으로 발생하는 가로지름이라는 유물론적 운동은 유물론적 헤게모니를 탄생시킨다. 그리고 이것을 해체하는 것에는 개체가 자신을 보전하는 시간을 뛰어넘는 장구한 세월을 필요하게 한다. 그리고 이것은 암적인 전이로 인해 파시즘화 하기도 한다.

이러한 이유 때문일까? 마르크스는 유물론에서 다른 곳으로 위치를 이동시킨다. 그것은 바로 법의 영역이다.

> "주식회사를 협동 조합화하는 것은 용이하다. 주주의 다수결지배 하에 존재하는 주식회사를 협동조합의 로치데일원칙에 의해 주주를 포함한 전 종업원이 1인 1표 투표권으로 의결하는 시스템으로 바꾸면 된다. 필요한 절차는 그것뿐이다.
>
> 하지만 이것은 말은 쉽고 행동은 어렵다. 왜냐하면 이와 같은 변혁을 개개 기업의 레벨에서 하면, 협동조합공장과 마찬가지로 바로 곤란에 직면하기 때문이다. 그것은 단지 탄압받거나 방해를 받거나 하는 것은 아니다. 협동조합적 기업은 자본제기업 사이에서의 경쟁을 견딜 수 없다. 예를 들어, 자본제기업은 아무렇지 않게 해고를 하고, 또 뛰어난 기술자를 높은 급여로 고용하지만, 협동조합에서는 그런 것이 불가능하다. 실제 그런 것을 한다면, 더 이상 협동조합이라고 부를 만한 가치가 없게 된다. 협동조합은 그 원리를 유지하려고 하면 멸망하고, 애써

존속하려고 하면 자본주의적인 방식을 도입하게 된다. 그때 분명 지양되어 있었던 '자본'이 재부상한다. 따라서 이런 변혁은 개개의 기업 안에서의 투쟁에 의해서가 아니라 국가적 규모로 법제도를 바꿈으로써만 가능하다."

가라타니 고진, 『세계사의 구조』

그래서 그는 로치데일 원칙을 내세운다. 규칙을 새롭게 정립하는 것이다. 물론 이것은 가로지름에 의해 탄생한 자본제 기업이라는 유물론적 형식에 의해 패배하지만 말이다. 현 시대의 우리는 협동조합 하에서 자본제와 싸울 수 없다. 암의 전이 속도는 가로지름에 의한 총체성의 해체보다 빠르다. 그래도 우리는 법을 소환할 수밖에 없지 않을까? 그가 말하는 실천적이고 활동적인 이론을 위해서 말이다. 왜냐하면 유물론은 장대한 시차를 필요로 하지 않는가. 그러나 법에는 즉자성이 존재한다.

유물론의 자유주의적 성질을 본 후에 내 관심은 바울의 법사상으로 옮겨갔다. 왜냐하면 케인즈가 시장주의를 자처하는 자유주의자들에게 했던 말이 생각났기 때문이다.

"그 장기적 계획은 현재 사안에 대해 잘못 알려주고 있다. 장기적으로 우리는 모두 죽는다."

존 메이너드 케인스

변화

내가 처음으로 공부한 철학자는 질 들뢰즈였다. 별다른 이유는 없었다. 그저 책 제목이 너무 예뻐서였다. 하지만 그의 저서 『의미와 논리』의 부록인 「루크레티우스와 시뮬라크르」를 접하고 나서 그의 유물론에 의문이 생기기 시작했고 자연스럽게 관심을 접었다.

"시뮬라크르들은 마치 지각 가능한 시간들과 관련해 다양한 층위의 미분이 존재하는 양, 방출물들보다 훨씬 빠르다. 그래서 우리는 에피쿠로스적 방법의 독창성이, 그것이 유비와 등급화의 원천들을 조합하는 한에서 어떤 바탕 위에서 성립하는지 알 수 있다. 그 방법의 두 측면들의 통일성을 확보해주는 것은 시간론과 그 시간론이 지니는 철저한 특성이다. 왜냐하면 사고 가능한 시간의 최소치가 존재하듯이 지각 가능한 시간의 최소치가 존재하며, 두 경우 모두에 있어 최소치보다 더 작은 시간이 존재하기 때문이다."

질 들뢰즈, 「루크레티우스와 시뮬라르크」

자연스럽게 당면했기 때문이었다. 현재 우리가 누리고 있는 유물론적 운동이 우리를 해방했는가? 결론은 그렇지 않다. 들뢰즈는 원자들의 가로지름에 의해 우리가 현세대에 누리는 유비의 등급화 즉 유물론의 총체성이 존재하며 사고 가능하고 지각 가능한 원자들의 최소치보다 더 적은 최소치가 존재해 총체적인 것을 자연스럽게 해체한다고 본다. 하지만 들뢰즈의 주장과 달리 여기에는 장대한 시차가 필요하고 한 세대의 개체가 죽은 후에 이뤄질 수도 있다. 게다가 개체가 지각 가능한 최소치를 넘어서는 지각 불가능한 최소치는 개체가 다룰 수 있는 여지가 있는 원자론이 아니다. 그리고 다룰 수 있다고 해도 그 사람들은 자본을 지닌 자들이다. 그래서일까, 지각 불가능한 최소치라는 가로지름에 의한 총체성은 개채를 넘어서는 총체성을 불러온다. 이것은 마치 프로이트의 타나토스 즉 죽음본능과 같다. 프로이트는 생명체가 무기물로부터 탄생한 것이므로 다시 생명체이기 이전 상태인 죽음의 상태 즉 무기물의 상태로 회귀하고자 싶은 소망이 있다고 한다. 그래서 질료의 운동에는 죽음본능이 내재한다. 죽음본능을 띄는 유물론적 혁신을 통해 자본제 경제구조를 이루고 엔클로저를 발생시켰으며 그로인해 연쇄된 운동으로 도시의 프롤레타리아들을 발생시켰다. 그리고 도시의 프롤레타리아들은 총제성을 띄는 자본제 경제구조에 편입되어 무기물화 된다. 이것은 찰리 채플린의 영화 모던 타임즈에서 자본제 경제구조인 포디즘 혹은 테일러리즘에 의해 노동자가 기계화되고 무기물화 되는 것에서 명징하게 관찰된다. 그러면 개체가 지각할 수 없는 최소치의 유물론이 과연 의미가 있을까? 실제로 유물론은 개체를 선행하면서 움직이고 또한 개체를 넘어서는 총체성을 조직하면서 움직인다. 그러면 유물론은 무슨 가치가 있는 걸까?

> "천사는 머물고 싶어 하고 죽은 자들을 깨우고 또 산산이 부서진 것을 모아서 다시 결합하고 싶어 한다. 그러나 낙원에서 폭풍이 자신의 날개를 꼼짝달싹 못하게 할 정도로 세차게 불어오기 때문에 천사는 날개를 접을 수도 없다. 이 폭풍은, 천사가 등을 돌리고 있는 미래 쪽을 향해 저항할 수 없이 천사를 떠밀고 있으며, 반면 천사의 앞에 쌓이는 잔해의 더미는 하늘까지 치솟고 있다. 우리가 진보라고 일컫는 것은 바로 이런 폭풍을 두고 하는 말이리라."
>
> 발터 벤야민, 「역사철학테제 9번」

이 유물론이라는 총체성의 극단화인 문명세계의 충돌 다시 말해 제2차 세계대전이라는 파국을 바라보는 마르크시스트 랍비의 시선이 어려 있는 글에서 이것에 관한 한탄의 감정이 전해진다. 마치 낙원에서 불어오는 폭풍은 개체가 어찌할 수 없는 유물론적 운동으로 인한 파국의 잔해더미가 하늘까지 치솟는 것을 묘사하는 듯하다. 하지만 들뢰즈의 이론은 '질료 내재주의'로 흐른다. 들뢰즈보다 과거에 존재했던 마르크시스트 랍비는 파국을 바라보며 비판한다.

> "이 [폭풍이라는] 용어가 또한 환기하고 있는바, 타협주의 이데올로기에서 진보란 자연법칙의 지배를 받으며 그 자체로 불가피하고 저항할 수 없는 '자연적' 현상이다. 준비 노트에서 벤야민은 역사적 진화론의 실증주의적이고 '자연주의적인' 방식을 명시적으로 비판한다. (…)
>
> 이 폭풍을 어떻게 멈춰야 할까? 진보를 그 자체의 숙명적 진해에서 어떻게 중단해야 할까? (…) 준비노트에서 이 세속적 이미지는 '진보주의' 좌파의 공통장소를 결을 거슬러 취하면서 다음의 생각을 요약한다. '마르크스는 혁명이 세계사의 기관차라고 말했다. 그러나 어쩌면 사정은 그와는 아주 다를지 모른다. 아마 이 혁명은 이 기차를 타고 여행하는 인류가 비상브레이크를 잡아당기는 행위일 것이다."

미카엘 뢰비, 『발터 벤야민: 화재경보, 역사개념에 대하여 읽기』

〈모던타임즈〉

인간이라는 흐름의 결을 거슬러 공적 체제로 흘러가는 이 자연주의의 최소치 운동을 어떻게 멈출 것인가? 마르크스는 개체에서 시작하는 활동적이고 실천적인 유물론을 제시했다. 하지만 그것이 효과적으로 통용되는 장소는 자본이 집적된 자본가 계급에서 일어나는 유물론이며, 또한 그것은 시차를 발생시켜 계급을 드러내는 운동이다. 하물며 이것은 상위계급에 의해 파국으로 치닫는 운동이기도 하다. 『포이에르바하에 관한 테제』의 실천적인 분야는 프롤레타리아의 영역이 아니다. 즉 자본가 계층과 노동자 계층의 시차를 통해 발생하는 거짓된 평등을 위한 운동이 포이에르바하에 관한 테제이다.

유물론은 참으로 대하기 곤혹스럽다. 어찌해야 할지 모르겠다. 인류학에서 제시하는 국가 없는 사회를 요청해야 할까? 하지만 문명에서 벗어난 순간 어떤 일이 발생하는지를 한국인은 누구나 알고 있지 않은가. 식민지배에 의한 국가의 노예화로 귀결되는 문명 거부는 해결책이 되지 않을 것이다. 문명 거부에 대해서는 이미 답이 나왔다고 생각한다. 이건 일국적으로는 불가하다. 하! 그림자는 없다. 그럼에도 불구하고 이것은 세계사적 차원에서는 의미를 지닌다고 생각한다.

매혹

가라타니 고진이 포착한대로 유물론이란 자유주의적 성질을 내포하고 있다. 즉 이것은 노동자 계급이 실천적으로 활용할 수 없는 이론이다. 즉 포이에르바하 테제의 담론은 아이러니하게도 자본가에게서 실천적이고 혁명적으로 나타난다. 하지만 유물론은 삶의 양태의 근본적인 변화를 이끈다는 점에서 여전히 매혹적으로 다가온다.

> "기술적 복제는 원작으로 하여금 사진이나 음반의 형태로 수용자의 요구에 부응하도록 해준다. 사원은 제자리를 떠나 예술 애호가의 작업실에서 수용되고, 음악당이나 노천에서 연주된 합창곡은 방 안에서 들을 수 있게 된다."
>
> 발터 벤야민, 「기술복제시대의 예술작품」

복제라는 기술의 발달은 삶의 근본적인 양태를 변화시켰다.

사물을 복제하는 기술은 시간과 공간의 직물로 짜인 지금 여기에서만 체험할 수 있는 일회적 체험을 모든 곳에서 어느 때나 체험할 수 있는 제반 조건으로 변화시킨 것이다. 사물들은 지금 여기에 존재하는 원본에서 떠나 복제물로 변화되어 예술 애호가의 작업실로, 집 안 구석구석 방안으로 이동했다. 그리고 이것들을 민중들이 자유롭게 이용할 수 있다. 소비의 장은 민중에게 유물론적 진보를 경험하게 한다.

> "카메라에 비치는 자연은 눈에 비치는 자연과 다른 법이다. 다른 이유는 무엇보다 인간이 의식을 갖고 엮은 공간의 자리에 무의식적으로 엮인 공간이 들어서기 때문이다. 예를 들어 누군가 사람들의 걸음걸이가 어떻다고 대강이나마 설명하는 것은 가능하지만, 그는 '걸어 나아가는' 순간순간에 사람들의 자세가 어떠한지에 대해서는 틀림없이 아무것도 모르고 있다. 사진은 고속촬영이나 확대 등의 보조 수단을 통해 그에게 그러한 것을 밝혀준다. 그는 충동의 무의식적 부분을 정신분석을 통해 알게 되듯이 이러한 시각적 무의식의 세계에 관해 사진을 통해 비로소 알게 된다."
>
> 발터 벤야민, 「사진의 작은 역사」

이 인용문은 벤야민이 적은 카메라에 관한 이론이지만 현시대를 구성하는 네트워크와 참으로 유비 관계가 밀접한 이론이라고 생각한다. 우리는 매일 사진을 찍을 때 우리가 포착할 수 없는 물자체, 시각적 무의식의 세계를 만난다. 일반 사물을 찍을 때는 우습게도 프로가 아닌 이상에야 느끼지 못하지만 말이다. 하지만 자신이 사랑하는 얼굴을 담는 셀카를 찍을 때는 카메라의 잔인한 시각적 무의식 세계에 의해 좌절하지 않는가. 보통 셀카의 고수분들은 적게는 50장 많게는 몇백 장 중 하나를 건진다고 알고 있다. 우리가 모르는 우리의 얼굴 단면을 카메라의 시각적 무의식은 포착하는데 그건 이상하게 나온 얼굴사진과 더불어 너무 잘 나와서 인스타그램에 전시하는 얼굴사진의 갭들에서 명징하게 드러난다. 즉 카메라 버튼을 누르면 드러나는 시각적 무의식 세계는 우리가 모르는 얼굴의 여러 가지 단면들을 드러낸다. 그리고 버튼이라는 단순한 행위는 회화로서 복제하기에는 복잡한 과정을 오히려 시각보다 더 깊은 영역과 다양한 영역을 카메라로 보여준다. 즉 테크놀로지는 우리가 모르는 세계의 무의식을 보여준다.

현시대의 우리는 마우스를 누르는 클릭이라는 행위, 그리고 스마트폰 디스플레이를 누르는 터치라는 행위로 네트워크에서 이뤄진 다양한 세계에 접속한다. 여기서는 현실 속에서 드러내지 않는 무의식을 가감 없이 드러낸다. 'N번방 사태'는 인간의 폭력적 욕망이라는 무의식을 가감 없이 네트워크에서 드러낸 욕망이었으며, 이것은 과거 소라넷에서도 지속적으로 표출된 바 있다. 하지만 부정적인 것만이 아닌 다양한 인간들로 접합된 세계의 무의식도 네트워크 세계 속에서 드러난다. 즉 생의 활동에 도움이 되는 무의식적 욕망이 이곳에서 다양하게 구현되어 삶을 보좌한다. 예를 들어, 우리는 배달앱 혹은 인터넷 구매 등 대량생산된 상품들을 네트워크가 보좌해 우리 집 앞에 배달되는 체험을 이미 하고 있다. 다시 말해 생산과 소비가 네트워크에서 만나 새로운 공동체를 조직하고 구현할 힘을 지닌 것을 우린 현세에 목도하고 있다.

이곳에서 우리는 엄청나게 많은 네트워크 공동체를 본다. 그리고 거대한 자본이 필요하지 않는 생산은 이곳에서 새롭게 구축되어 가동된다. 디지털로만 변환되면 가능한 것들, 영상, 캐릭터 등 자본을 많이 필요로 하지 않는 산업은 이곳에서 개인이 생산자가 되어 판매한다. 그리고 무엇보다도 옛날의 구텐베르크 혁명이 디지털 체계와 만나 이진법으로 변환된 지식정보는 네트워크에서 더욱 흩뿌려졌다. 우리는 현시대에서 검색만 하면 수많은 지식인들의 논문과 그들의 강의 영상을 볼 수 있다. 여기서 궁금점이 생긴다. 이것을 수용하는 이들이 지식 생산자로 전환될 수 있을까? 오시이 마모루는 이미 그것을 포착한 것 같다. 그의 작품 공각기동대의 인형사는 말한다.

"나는 정보의 바다에서 태어난 생명체다."

"생명은 정보의 흐름 속에서 생긴 결정체 같은 거지."

"하나의 생명체로서 정치적 망명을 신청한다."

〈공각기동대〉의 인형사 대사 중

그러면 이것에 비교해 봤을 때 인간이란 무엇일까? 그저 언어로 이루어진 정보의 체계다. 그러면 언어 생산을 통해 인간을 탄생하게 하는 존재는 무엇일까? 현시대에는 민중의 언어규칙을 정하고 법으로 통치하는 자들이 우리의 삶을 지배한다. 늘 새롭게 이루어지는 행정기관 혹은 입법기관의 발화행위에서 우리는 거대한 도시의 탄생도 목격하고 그 유물론적 환경에서 거주하는 사람들을 보게 된다. 그러면 새로운 담론이 튀어나온다. 네트워크에서는 정치기관을 설립할 수 없을까? 왜냐하면 네트워크는 이미 언어를 이진법으로 변화시켰기 때문이다. 그러면 이곳에서 새로운 정치의 생산과 소비를 담당하는 구조를 만들 수 없는 걸까? 흔히 말하는 삼권분립이라는 세 장소에서 독점 생산하는 법과 행정의 카르텔을 부수는 것 말이다. 〈공각기동대〉는 이것을 은유적으로 보여준다. '정보의 바다에서 태어난 지적 생명체'라는 새로운 술어에 의해 탄생한 인형사에 의해 계통수가 부서지는 상징적인 장면들을. 네트워크의 세계로 정치적 망명을 하는 것과 함께 말이다.

타자의 창조 그리고 사랑

"그때에 예수께서 말씀하셨다. 아버지 저들을 용서해 주십시오. 저들은 자기들이 무슨 일을 하는지 모릅니다. 그들은 제비를 뽑아 그분의 겉옷을 나누어 가졌다. 백성들은 서서 바라보고 있었다. 그러나 지도자들은 이자가 다른 이들을 구원하였으니, 정말 하나님의 메시아, 선택된 이라면 자신도 구원해 보라지 하며 빈정거렸다. 군사들도 예수를 조롱하였다. 그들은 예수께 다가가 신 포도주를 들이대며 말하였다. 네가 유대인들의 임금이라면 너 자신이나 구원해 보아라."

누가, 「누가복음」

"예수께서 총독 앞에 서셨다. 당신이 유대인들의 임금이오? 하고 총독이 묻자, 예수께서 네가 그렇게 말하고 있다. 하고 대답하셨다. 그러나 수석 사제들과 원로들이 당신을 고소하는 말에는 아무 대답도 하지 않으셨다. 그때에 빌라도가 예수께,

저들이 갖가지로 당신에게 불리한 증언을 하는데 들리지 않소? 예수께서는 어떠한 고소의 말에도 대답하지 않으셨다. 그래서 총독은 매우 이상하게 여겼다."

마태, 「마태복음」

흔히 기독교를 공격할 때 가장 많이 쓰는 이론이 스피노자의 이론이다. 17세기에 사상적 자유가 보장된 네덜란드 암스테르담에 거주한 그는 기독교의 신을 맹폭하였다. 스피노자는 기독교에서 말하는 신의 완전성을 공격하면서 기독교 교리를 해체한다. 그의 공격은 간단하다. 신은 그 자체로 완전한데 왜 인간을 만들었냐는 의문이었다. 신과 인간이라는 세계 사이에 선이 그어져 분리되는 순간 신은 바깥이 존재해 완전하지 못하다는 것과 신과 인간을 구분하는 선이 사라져 합쳐지면 신은 인간의 내부에 있는 존재로서 인간은 신이 된다는 논증을 펼쳤다. 그래서 그는 기독교에서 말하는 신의 완전함을 이론적으로 완전 박살 냈다. 하지만 스피노자의 공격은 이론적으로 반박 불가능했을 때도 이상하게 매섭지는 않았다.

이론적으로 반박되는 것은 아니지만 심정적으로 완벽히 무시하게 된 경위는 비트겐슈타인을 알게 됐을 무렵이었다.

"마르그리트는 이제 나를 특별히 좋아하지 않는 것 같다. 그런데 매우 이상하다. 어떤 목소리는 내게 말한다. 그렇다면 다 끝났다고, 너는 가슴 아플 수밖에 없다고, 하지만 다른 목소리는 이렇게 말한다. 낙심해서는 안 된다고. 너는 그것을 예상했어야 하며, 비록 열렬히 소망했다 하더라도 네 인생이 어떤 특정한 사건의 발생에 좌우되어서는 안 된다고. 바로 이것이 옳은 목소리다.

신이 그녀와 함께하기를 빈다! 자신이 가장 사랑하는 것을 마침내 신의 손에 맡기지 못하고, 자기 수중에서 계속 만지작거리는 사람은 결국 그 사람을 사랑할 자격이 없다. 왜냐하면 시련 또한 사랑의 일부이기 때문이다."

『비트겐슈타인의 일기』

와우! 내가 본 차인 사람 중 제일 멋진 사람인 것 같다. '어른이라면 이래야 한다'는 말이 절로 떠오르는 멋진 글이다. 이 일기를 보면 왠지 모르게 철학사의 가장 위대한 저서인 비트겐슈타인의 『철학적 탐구』는 마르그리트와의 관계를 고찰하면서 쓰여진 것이 아닐까 싶다. 이 글은 말 그대로 비트겐슈타인의 『철학적 탐구』를 압축하고 있기 때문이다.

"그러나 우리가 말하는 타자는 이질적인 존재이며 또한 우리가 '생각하는' 대로 생각한다는 보장도 없다. 상극으로 일관

하든 타협이나 화해로 끝나든 타자와의 사이에 '게임'이 성립 할지 안 할지는 애초부터 불분명하다."

가라타니 고진, 『탐구1』(비트겐슈타인 철학적 탐구 주석서)

'네 이웃을 너 자신처럼 사랑해야만 한다.'는 명제는 타자를 '나'로서 기능하게 한다는 뜻이다. 타자가 '나'로서 기능하게 한다는 말은 무슨 뜻일까? 그것은 타자 앞에서 멈추는 행위, 타자의 거절을 존중하는 것이다. 그럴 때 역설적으로 타자가 나에게 박혀 그 사람을 사랑하게 된다. 여기서 신은 그 자체로 완전한데도 세계를 창조한 이유가 밝혀지는 듯싶다. 다시 말해 타자를 창조함은 사랑을 창조한 것이기 때문이다. 즉 타자라는 존재의 창조를 통해 사랑을 만든 것이다. 이것은 하나의 역설이다. 왜냐하면 신의 전능함은 물러서지만 사랑이 창조되기 때문이다. 즉 타자의 창조는 사랑의 창조이다. 사랑을 한다는 것은 타자성을 존중하는 것, 다시 말해 타자가 나를 거절할 권리를 가진다는 것을 받아들이는 행위다. 이것은 모든 소수자를 '나'로서 기능하게 한다는 것으로 확장된다.

나는 솔직히 동성애, 트랜스젠더로 대표되거나 또는 나와 의견을 달리하는 사람을 좋아하지 않는다. 그런데 어찌하겠는가? 우리는 참여할 수 없는 것에는 침묵해야 한다. 사랑하는 이의 규칙에 참여하는 것이 사랑의 제1원리라 한다면, 참여할 수 없는 것에 침묵해야 하는 것은 사랑의 제2원리이다. 이것들은 타자가 나에게 박히는 것을 함의한다.

창조적 비판

"칸트는 지금까지의 과정을 보아 세계사가 '목적의 나라(도덕법칙이 실현된 세계)'를 향해 점진적으로 나아가고 있다고 간주해도 좋다고 말한다. 이와 같은 이념은 '규제적 이념이다. 즉 그것은 '구성적 이념'과 다르게 결코 실현되지 않지만, 우리가 그것에 다가가려 노력하는 지표로서 계속 존재한다."

가라타니 고진, 『세계사의 구조』

타당한 비판은 새로운 가능성을 꿈꿀 수 있게 한다. 비판은 현재를 비추며 현재에 통용되는 것이 유효하더라도 더 좋은 것으로 나아갈 수 있는 방향성을 제시해준다. 다시 말해, 그것은 현재에 파급력을 끼칠 대안을 창출하지는 못할망정 추후에 그것을 실현할 미래의 지표를 설정한다. 비판은 현재를 바꿀 강령으로 현재에 개입하는 것이다.

타당한 비판의 위력을 체감한 적이 있다. 그것은 가수 신해철이 서태지의 음악에 비판을 가한 것인데, 비판과 함께 제시된 그의 대안이 흡족하지는 못했지만 그 동기는 충분히 납득할 수 있었다. 나는 개인적으로 서태지를 굉장히 좋아한다. 서태지라는 가수는 자신의 시대를 개척한 인물인 만큼 그에 대응하는 거대한 반대세력도 있는데, 이 반대세력이 제기하는 비판이 말도 안 되는 경우가 다분하다는 것이 문제다. 과거 〈백지연의 끝장토론〉이라는 프로그램에서 서태지에 관한 토론이 벌어졌는데, 극우 유튜버로 활동하는 이봉규 씨가 나와서 서태지의 음악을 맹폭했었다. 그런데 비판의 논거가 참으로 해괴했었던 기억이 난다.

> "장예모 감독이 베이징 올림픽 개막식을 연출한 것을 보며 야 저게 예술이구나 싶었다. 하지만 서태지는 뭐냐?"

> "서태지가 인기 많은 이유는 노무현과 동일하다. 되도 않는 음악을 하는 것뿐인데 저학력자라 대중이 응원하는 것이다."

딱히 음악적인 논거를 제시하지 않는 이 인상비평을 보며 추후에 이분이 정치 논평을 하는 것을 보고 '어휴 다행이다' 했던 기억이 난다. 하지만 반대편에서 서태지를 옹호했던 사람은 속된 말로 대깨문으로 지칭되는 김갑수 평론가라는 것이 함정이지만 말이다. 이렇듯 그는 시대의 전환점을 몰고 온 인물인 만큼 거대한 안티세력의 비판에 시달린 인물이다. 그리고 안티세력의 비판을 듣는 입장에선 그들의 비판이 쫌 야비한 마타도어라고 느꼈다. 항상 〈난 알아요〉의 샘플링 작법을 걸고넘어지는데, 예를 들어 시나위의 신대철은 '샘플링' 작법을 표절이라 하면서 그의 음악을 부정한다. 그런데 샘플링 작법에 대한 부정은 무슨 의미일까? 힙합이라는 장르 자체를 부정하는 비판을 전개하려는 것일까? 그의 비판은 전체 힙합의 부정으로 나아간다. 하물며 그가 숭배하는 레드제플린의 표절은 어떻게 설명해야 할지 모르겠다. 더 나아가 락의 장르에서 활동하는 가수는 이해가 되지만 힙합 장르에 종사하는 어떤 힙합 가수는 힙합 장르의 규칙 샘플링을 〈난 알아요〉에 적용한 사실을 가지고 표절이라 주장하는 영상을 유튜브에서 보게 됐다. 그래서 이쯤 되면 그냥 멕이는 거라고 생각할 수밖에 없다. 마타도어를 듣다 보니 서태지에 관한 비판이 나오면 신경이 살짝 곤두선다. 그리고 해괴한 주장이 너무 많아 짜증이 난다.

반대로 신해철이라는 아티스트의 진면목을 알게 된 것은 이들과는 달리 서태지 음악에 관한 비판의 타당성을 지녔기 때문에 열렬히 그를 좋아하게 됐다. 그 비판은 그가 〈진중권의 문화다방〉이라는 팟캐스트에 출현해 음악 인생과 철학을 이야기하던 중 담론이 서태지 비판으로 전개되었다. 그리고 나는 괜히 또 마타도어가 아닐까 걱정하면서 자연스럽게 인상을 찌푸렸는데, 그의 비판을 듣자마자 놀랍게도 서태지는 구시대의 악습을 만든 사람이 되었다. 그는 자신이 경상도 방언으로 랩을 만든 동기와 함께 서태지 비판을 전개했다. 비판의 요지는 이러했다.

> "서태지라는 악의 축이 등장하면서 한국어 랩의 기본적인 레시피를 설정했다. 근데 나는 그것을 일시적인 현상이라고 봤다. 왜냐하면 서양 언어의 발성에다가 우리 언어의 흐름을 완전히 내어주고 그것을 너무 많이 차용해 한국어 랩을 가능하게 만들었기 때문이었다. 그러나 조금만 디테일하게 보면 이게 한국어인지 영어인지 구별이 되지 않는다. 그런 면에서 심각한 내용상의 패전이다. 언어와 그 나라 음악의 문제는 핵심의 핵심이며 일 번에 해당하기 때문이다. 일 번은 그 나라의 언어를 지키는 것이다."

이 비판에는 정말이지 감탄을 했다. 감탄과 함께 사고의 전회가 일어났다. 서태지는 대중문화의 아버지로서 오이디푸스를 할 대상으로 전락한 것이다. 물론 그의 업적은 여전히 위대하다. 'K-POP'에서 그의 위상은 영화사와 비교해 보면 영화를 탄생시킨 뤼미에르 형제와 영화의 몽타주 기법을 제시한 아이젠슈타인을 합친 만큼의 위상이 아닐까 생각한다. 왜냐하면 현재의 K-POP은 그에 의해 탄생했고 또한 〈난 알아요〉, 〈환상속의 그대〉, 〈이

밤이 깊어가지만〉 등의 변주라고 생각할 정도로 그는 K-POP이라는 거대한 축을 세운 사람이기 때문이다. 하지만 힙합의 영역에서만큼, 또 K-POP에 들어가는 랩 부분에서만큼은 그를 죽여야 하지 않을까 싶다. 왜냐하면 그의 랩은 신해철의 주장처럼 우리의 언어가 거세당한 형식의 음악이기 때문이다.

신해철이 세상을 떠나기 얼마 전, 이 위대한 아티스트는 후배 아티스트들에게 거대한 숙제를 남겨주고 떠났다. 그의 유작 〈바퀴벌레〉는 대안이 될 수 있을까? 알 수 없는 일이다. 하지만 그의 위대함은 비판을 통해 '진정한 한국어 랩'이라는 지표를 설정한 것이다. 타당한 비판은 새로운 가능성을 잉태한다. 비판의 위력은 여기에 있다.

일신교

"모세는 두 증거판을 손에 들고 돌아서서 산에서 내려왔다. 그 두 판 양면에는 글이 새겨져 있었다. 이쪽에도 저쪽에도 새겨져 있었는데, 그 판은 하나님께서 손수 만드신 것이었다. 그 판에 새겨진 글자도 하나님께서 손수 새기신 것이었다. 백성들이 떠드는 소리를 듣고 여호수아가 모세에게 말하였다. 진지에서 들려오는 저 소리를 들으니 전쟁이 터졌나 봅니다. 모세가 말을 받았다. 그것은 승리의 노래도 아니요, 패전의 곡성도 아니다. 나 듣기에 저것은 화답하는 노랫소리다. 모세가 진지에 가까이 이르러 보니, 무리가 수송아지를 둘러싸고 춤을 추고 있었다. 모세는 격분한 나머지 손에 들었던 두 판을 산 밑에 내던져 깨뜨렸다."

모세, 「출애굽기」

야훼에게 십계명을 받고 내려온 모세가 자신의 동포들이 금송아지와 춤을 추고 있는 것을 보고 십계명을 내던지는 장면이다. 왜냐하면 일신교에서는 야훼를 대신하는 것을 부정하기 때문이다. 하지만 다신교에서는 가능하다. 그래서 대의민주주의는 다신교와 같다. 대의민주주의에서는 십계명을 금송아지에게 바쳐도 된다. 남북평화는 트럼프의 예루살렘 선언에 바쳐도 되고, 또한 미국 극우들에게 바쳐도 된다. 또한 페미니즘은 20대 남성에게 바쳐지며, 공공주택 정책은 강남에게 바쳐도 된다. 민경욱의 부정선거는 남북평화에도 바쳐진다. 그 옛날에 유대인 학살은 아우토반에게 바쳐졌다. 이러한 역설적인 We are one in the world!의 체계에서 우리는 하나가 된다. 하나의 술어에 감정을 이입하여 모든 술어 체계가 박히면서 세계는 하나가 된다.

이와 반대로 일신교는 아나키즘, 직접민주주의와 같다. 유대인 학살과 아우토반은 다르고, 남북평화와 팔레스타인의 슬픔은 다르다. 페미니즘과 20대 남성은 다르고 공공주택과 강남의 재건축은 다르다. 하나의 사안은 하나의 사안으로서만 기능한다. 아나키스트들은 금송아지에게 십계명이 바쳐질 때, 그들과는 반대로 십계명을 던지는 자들이다.

공과 사

"적이란 공적(hostis)이며, 넓은 의미에서의 사적(inimicus)은 아니다. 즉 폴레미오스(공공의 적)이며, 에히도로스(사적인 적)는 아니다. 독일어는 다른 언어와 마찬가지로 사적인 '적'과 공적인 '적'을 구별하지 않기 때문에 많은 오해나 곡해가 생길 가능성이 있다. 자주 인용되는 구절인 '너희 원수를 사랑하라'는 라틴어로는 '사적을 사랑하라'이며, 그리스어로는 '너희들의 에히도로스 모두를 사랑하라'이지 '너희들의 공적을 사랑하라'가 아니다. (…) 수천 년에 걸친 기독교와 이슬람 사이의 투쟁에서도, 어떠한 기독교도도 사라센인이나 터키인을 사랑하기 때문에 유럽을 방어하는 대신 이슬람에게 넘겨주어야 한다고 생각한 적은 결코 없다. (…) 무엇보다 그것은 자국민의 적을 사랑하고, 자국민을 배반하며 적을 도우라는 의미는 아니다."

칼 슈미트, 『정치적인 것의 개념』

살다보면 전율을 일으키는 글들이 있다. 위에서 인용한 칼 슈미트의 글은 그러한 글 중 하나다. 이 글에서 칼 슈미트는 우리에게 구원 따윈 존재하지 않는다고 전한다. 그가 우리에게 전하는 메시지는 인간이 어차피 공적인 정치적 생물인 한 지지고 볶고 싸우는 존재라고 설파하는 듯하다. 그러면서 그는 진정한 의미에서 예수의 가치를 부정한다. 다시 말해 원수를 사랑하라는 예수의 가치를 말이다. 그는 실제로 원수를 사랑하면서 죽은 이 사건을 전면적으로 부정하면서 강력히 주장한다. 예수는 사적으로 원수를 사랑했을 뿐이며, 공적인 의미에서 원수를 사랑한 것이 아니기 때문에 공적인 상대는 사랑을 하면 안 된다고 설파한다. 과연 그럴까? 그는 로마의 법을 스스로 자신의 몸에 박았는데 말이다.

"지상의 왕국을 대표하는 자는 '이 땅에 있지 않은 왕국'을 심판하는 권한을 부여받았고, 예수는—이 점을 잊으면 안 되는데—'위로부터' 그 권한이 빌라도에게 주어졌다는 사실을 인정했다. 파스칼이 생각한 것처럼 예수가 더 큰 치욕을 당하기 위해 그렇게 했는지('예수는 법적 절차에 따라 판결받지 않은 상태에서 죽고 싶지 않았다. 왜냐하면 불의한 폭력에 의해 죽는 것보다 재판을 받고 죽는 것이 훨씬 치욕스러운 일이었기 때문이다.' 파스칼, 695), 아니면 다른 이유가 있었는지는 알 수 없지만, 다만 한 가지 확실한 것은 예수가 이 판결을 피하려 하지 않았다는 사실이다."

조르조 아감벤, 『빌라도와 예수』

슈미트가 바라보는 인간세계는 구원이 성취될 수 있을까? 왜냐하면 인간은 공적으로 모여 서로 반목하는 존재이며, 영원히 서로 사랑할 수 없다고 주장한다. 그의 말은 현재까지도 타당하다. 기독교가 탄생한 이후 2000년의 세월 동안 그들의 운동은 실패로 귀결됐기 때문이다. 하지만 그의 주장이 반박되는 가능성도 2000년 전 로마법에 따라 죽었던 예수의 사상에 있다고 생각한다. 그의 사상은 공적인 것을 해체하는 사상이기 때문이다. 그래서 칼 슈미트의 주장은 타당하다. 서로를 사적으로만 사랑하는 세계에서는 공적인 것이 출현하지 않을 것이기 때문이다. 그것은 네 이웃을 너 자신처럼 사랑해야만 한다는 모든 타자가 '나'로서만 기능하는 세계일 것이다.

그리스도는 지상의 공적 권력이 죄 없는 자신을 법으로 심판하면서 그것의 오류를 드러냈다. 다시 말해 지상의 공적 권력인 로마법을 받아들이고, 그는 대속자로서 그것을 해체했다. 타인을 사랑하는 자가 법에 의해 죽는다는 사실은 공적 체제의 오류로서 그것을 해체하는 당위성을 지닌다. 이것은 마르크스가 '왜 노동하는 자가 빈곤한가?'라는 의문으로부터 공산사회를 요청하는 당위성과 같다. 그래서 해체된 법에 의해 모든 공적인 권력은 해체되어 모든 세계의 타자가 서로에게 박히는 것으로 전환된다. 즉 그것은 타자가 '나'로서 기능하지 않는다면 증여의 윤리가, 타자가 '나'를 넘어서면 해체의 윤리로 다가가는 세계로 발돋움해야 하는 당위성이다.

> "사랑은 나의 결핍을 고백하는 겁니다. 이렇게 말할 수 있겠군요. 하나님의 왕국이 도래해서 모든 사람이 부활했는데, 어째서 여전히 사랑이 필요한 걸까요? 그때는 모두가 완전해져 있을 텐데 말입니다! [바로 여기서] 우리는 바울의 천재성을 보게 됩니다. 완전한 상태가 되어서도 인간은 [개별적인 다시 말해 홀로 자족할 수 있는] '내'가 아니라 [항상 서로를 필요로 하는 공동의] '우리'로 존재할 거라는 겁니다. 이건 그러니까, 결핍은 완전함 자체 안에도 존재할 거라는 뜻이죠. 고린도후서에 이렇게 쓰여져 있듯이 말입니다. '너의 힘은 너의 약함 속에서 작용한다.'"
>
> 야콥 타우베스, 『바울의 정치신학』

완전함이란 공적인 '결단하는 자'에게서 출현하는 것이 아니라 사적인 '나'들의 관계로서 사랑에 의해 증여된 세계로 재편된 곳에서 출현할 것이다.

기이한 구원의 길

나쓰메 소세키적 체험이라고 명명해야 할까? 유달리 적응력이 떨어지는 자들이 기존 문화에서 떨어져 다른 낯선 문화로 진입했을 때 정신병을 경험하는 경우가 있다. 총명한 나쓰메 소세키는 국비 장학생으로 영국 유학길에 오르지만 오히려 그곳에서 정신병에 걸려버린다. 나는 그와 다르게 어리석은 유형의 사람이 겪는 비슷한 경험이 있다. 내가 다녔던 초등학교는 나름 부르주아 자제들이 다녔던 학교였다. 그래서인지 애들이 온순하고 사회통념에 얽힌 규칙을 적당히 벗어나면서 놀았다. 하지만 중학교는 한국의 중산층을 상징하는 아파트촌에 있는 학교가 아니었다. 그리고 초등학교 아이들의 집에 놀러 갔을 때 엄마가 있었던 것과는 대조적으로 중학교 아이들은 부모님이 두 분 모두 집에 있지 않았다. 이 대비되는 가정환경을 보면 초등학교와 중학교 아이들 사이의 경제상황이 대비되는 것을 알 수 있다. 그래서일까? 그곳은 유달리 마초적이며 폭력성이 짙은 학교였다. 기존의 초등학교에서 소수의 아이들만 진학하는 학교라 아이들과 떨어지는 게 너무 싫어 처음부터 진학하기 싫은 학교였는데 문화마저도 너무 상이하니 정신이 서서히 벌어지기 시작했다. 공허한 만큼 그냥 밖을 돌아다녔던 것 같다. 학원도 땡땡이치고 세상을 부유했던 것 같다. 하지만 친모의 생각은 달랐다. 엄청난 억압을 가하기 시작한 것이었다. 처음에는 도덕적인 염려로 나를 걱정하나? 라는 생각이었다. 술, 담배 등등 말이다. 그러나 원인은 그것이 아니었다. 이유는 공부를 안 한다는 것, 학원을 결석한다는 것이었다. 이것이 추후 마르크스를 알기 전까지 친모를 향한 증오라는 감정의 원인이었다. 자식이 아파도 '어? 얘가 어디가 아프네?'가 아니라 '어라? 얘가 경쟁에서 뒤처지네?'로 반응했기 때문이다. 10대 시절의 기억은 카프카를 읽을 때 도움이 된다. 카프카는 지혜로웠다. 이길 수 없는 상대에게는 복종해야 한다는 것을 알았으니 말이다. 그러나 그는 어리석었다. 끝까지 아버지에게 자신의 글을 보여줬으니 말이다. 어리석은 아버지가 자신의 위대함을 간파하리라고 생각했던 걸까? 안타까운 이!

그러나 마르크스를 알게 된 후 내 생각은 반전되었다. 위대한 친모의 사랑을 깨달았달까? 정말로 지혜롭고 왜곡된 사랑의 방식을 말이다.

"그리하여 화폐의 자본으로서의 전화를 위해 화폐소유자는 상품시장에서 자유로운 노동자를 발견해야 한다. 이 자유롭다는 것은 이중적 의미가 있는데, 즉 한편으로는 그 노동자가 자유로운 인격체로서 자신의 노동력을 자신의 상품으로 마음대로 처분한다는 의미이며 다른 한편으로는 판매할 아무런 다른 상품도 가지고 있지 않을 뿐만 아니라 자기 노동력의 실현에 필요한 모든 물적 조건에서도 분리되어 있다는 의미다."

칼 마르크스, 『자본론』

모든 사람은 시장에 자신이 팔릴 운명에 처해있다. 그것은 모든 사람이 자본을 가진 이들에게 고용되어 임금노동자가 될 운명에 처해있다는 뜻이다. 그러면 자연스러운 귀결이 따라온다. 기왕 팔릴 거면 비싸게 팔려야 하지 않겠는가? 팔려야 할 운명에 처해있다면 싼값보다는 비싸게 팔려야 하는 욕망이 작동하는 사회가 자본주의 사회다. 그러면 나의 친모는 당연한 답에 도달했을 것이다. 즉 '내 자식은 저임금 노동자가 되게 하지 않을 거야!'라는 사랑이 가득 담긴 답 말이다. 저임금 노동자의 삶, 그들은 사회의 가장 힘든 업무를 담당하며 최저임금을 영위하는 가난한 사람들이다. 이들의 존재는 모든 이들의 삶을 가혹하게 밀어붙이는 원인이다. 자본주의는 실업을 창출해 산업예비군을 육성함으로써 언제든지 해고와 실업의 위험 속에 노동자를 처하게 해서 그들을 훈육한다. 또한 여러 계급적 가치체계를 만들어서 계급적 욕망관계를 형성시킨 뒤에 하위계급으로 떨어지는 관계체계의 두려움을 형성시킴으로써 모든 이들을 훈육한다.

“그러나 세월은 흐르고, 시간의 맷돌은 한때 사랑과 우정 속에 하나였던 조직을 가루로 만들어 버린다. 그렇게 분리되어, 원자로 돌아간 개인은 엠페도클레스의 네가지 원소처럼 가벼운 불은 위로 올라가고 무거운 흙은 아래로 가라앉게 된다. 같이 고문받고 같이 옥살이를 했어도, 서울대 나온 사람들은 강남좌파가 되어 청와대나 국회로 올라갔고, 야간 상고를 나온 사람은 시인이 되어 카메라를 들고 지상에서 가장 낮은 땅, 팔레스타인으로 내려갔다.

생각하면 운명의 여신은 얼마나 비정한가? 오이디푸스가 파멸에 이른 것은 그가 특별히 사악한 사람이었기 때문이 절대 아니다. 그의 잘못은 단지 그가 코린토스가 아니라 테베를 향해 간 것이다. 그 길에서 우연히 부딪친 사람을 제 아비인 줄 모르고 살해한 것은 누구라도 그럴 법한 정당방위였다. 하지만 운명의 여신은 할아비의 피값을 손자에게 받아내기도 하고, 딸이 받은 특혜의 청구서를 아비에게 내밀기도 한다. 저주도 축복도 개인이 아니라 집안에 내린다. 그것이 역사고, 그것이 우리 존재의 서로주체성이다. 나는 오직 너와의 만남 속에서만 내가 되니까.

조국 교수가 당하는 봉변도 그가 우리보다 특별히 더 사악하기 때문이 아니다. 나는 그가 개인으로서 단정하게, 공인으로서 헌신적으로 삶을 살아온 것을 존경한다. 그런데도 그가 지금 같은 봉변을 당하는 까닭은 그가 이른바 강남좌파이기 때문이다. 오이디푸스가 그 길로 가지 말았어야 했던 것처럼, 그도 '스카이캐슬'의 저주를 피하려면 강남 길로 가지 말았어야 했다. 하지만 그는 강남 길로 갔고 더불어 그의 딸도 본의 아니게 강남 길을 따라 걸었다. 걸으라고 열려 있는 길이었으니 그들의 잘못은 아니다. 다들 그렇게 그 길을 걸어 서울대도 가고 고대도 갔으니까.

그러나 열린 길이라고, 모두가 걸을 수 있는 것은 아니다. '스카이캐슬'의 자식들이 대학에서 인턴도 하고, 무슨 논문도 쓰고, 장관이나 총장의 상도 받고 하던 무렵, 너릿재 너머 화순의 학생들 가운데 거칠게 말해 3분의 1은 집에서 할머니를 돌보고, 3분의 1은 읍내에서 5만원짜리 단과반을 듣고, 3분의 1은 고개 너머 광주에서 20만원짜리 종합반을 들었다. 강남 길이 열려 있다 한들, 그 아이들이 그 길을 같이 걸을 수는 없었을 것이다. 그것을 생각하면, 우리가 무너뜨려야 할 것은 조국도, 그의 딸도 아니고, 강남 길이며, 그 길의 처음과 끝에 버티고 선 스카이캐슬이다."

김상봉, 『씨알의 철학』

필자인 김상봉은 조국사태 이후 알게 된 철학자다. 한겨레에 연재된 '씨알의 철학'을 읽어보면 다분히 '586세대'의 관점이 전제되어 있지만, 굉장히 좋아하게 된 철학자다. 칼 슈미트가 예외상태라는 민주주의의 예외를 고찰하면서 민주주의가 얼마나 연약한 체제인가를 알려줬고 마르크스가 공황이라는 자본주의의 예외상태에서 자본주의를 고찰하면서 자본주의가 얼마나 허약한 토대 위에 세워졌는지를 보여주듯 바울은 인간을 죄인이라는 인간의 예외상태에서 고찰하면서 인간이 얼마나 죄의 유혹에 약한지를 보여줬다. 단지 보험이었으리라. 저임금 프롤레타리아의 길은 팔레스타인으로 가는 길이니까. 너무 고되고 힘든 길이니까. 그래서 더욱 열망했으리라. 자신의 딸이 남들과 같은 세계를 살아가는 그 날이 오기를. 세계가 바뀜으로써 세계사적 사건을 기다리면서, 최소한의 노력을 담아 관악산 혹은 청와대에서 간절히 운동했으리라. 하지만 그 세상이 오기 전에 그는 몰락했다. 자신의 딸을 저임금 프롤레타리아로 영위하게 하기 싫은 보편적 욕망 앞에서 무릎을 꿇었다. 그리고 그의 몰락과 함께 세상은 정글에서 살아남는 약육강식의 표어로 대표되는 공정한 계급주의가 지배하고 있다. 세상은 공정한 시험에 의한 계급분화를 더욱 강화하고 있다.

"한 사람이 죄를 지어 이 세상에 죄가 들어 왔고 죄는 또한 죽음을 불러 들인 것같이 모든 사람이 죄를 지어 죽음이 온 인류에게 미치게 되었습니다. (…)

그러면 율법이 곧 죄라고 말할 수 있겠습니까? 절대로 그럴 수 없습니다. 그러나 율법이 없었던들 나는 죄를 몰랐을 것입니다. 탐내지 말라는 율법이 없었더라면 탐욕이 죄라는 것을 나는 몰랐을 것입니다. 죄는 이 계명을 기화로 내 속에 온갖 탐욕을 일으켰습니다. 율법이 없다면 죄는 죽은 것이나 다름없습니다. 나는 전에 율법이 없을 때에는 살았었는데 계명이 들어 오자 죄는 살아나고 나는 죽었습니다. 그래서 생명을 가져다 주어야 할 그 계명이 나에게 오히려 죽음을 가져 왔다는 것을 깨달았습니다."

바울, 「로마서」

바울이 율법에 가하는 통렬한 지적은 요즘 시대와 유비되는 점이 있다. 왜 우리는 시험에 의한 계급주의를 통해 탄생한 한 사람의 죄를 시험의 강화를 통해 해소할까? 이 역설은 무엇일까? 기독교의 독특한 점은 개인으로서의 구원 따윈 없다는 점이다. 구원은 언제나 전체를 매개한 세계사적인 사건을 담보로 이뤄진다. 그래서 기독교는 개인의 함양이 아니라 세계사적인 사건을 통해 구원에 이른다. 그러므로 바울은 수양이 아닌 믿음을 강조한다. 다른 세계가 도래한다는 믿음을 가질 때 구원은 도래한다.

"그러나 그리스도 예수님 안에서 이루어진 속량을 통해서 그분의 은총으로 거저 의롭게 됩니다. 하나님께서는 예수님을 속죄의 제물로 내세우셨습니다. 예수님의 피로 이루어진 속죄는 믿음으로 이루어집니다. (…)

그러니 자랑할 것이 어디 있습니까? 전혀 없습니다. 무슨 법으로 그리되었습니까? 행위의 법입니까? 아닙니다. 믿음의 법입니다. 사실 사람은 율법에 따른 행위와 상관없이 믿음으로 의롭게 된다고 우리는 확신합니다. 하나님은 유다인들만의 하나님이십니까? 다른 민족들의 하나님은 아니십니까? 아닙니다. 다른 민족들의 하나님이시기도 합니다. 정녕 하나님은 한 분이십니다. 그분께서 할례 받은 이들도 믿음으로 의롭게 하시고, 할례 받지 않은 이들도 믿음을 통하여 의롭게 해 주실 것입니다."

바울, 「로마서」

믿음! 믿음으로 이루어진다. 그가 말한 서초동의 십자가 사건은 믿음으로 이루어진다. 그것은 한 팔레스타인 지방의 혁명가가 원수를 사랑하며 죽은 국소적인 사건이 세계사적 사건이라는 믿음과 함께 인류의 모든 죄가 사해지듯이 서초동 십자가도 새로운 세계사적인 사건이라는 믿음을 통해 해소된다. 하지만 하나님은 한 분이시다. 그러면 이것을 어떻게 할까? 그래서 서초동 십자가는 오히려 베드로의 뒤집힌 십자가가 아닐까? 예수를 부인한 자가 예수에 의해 구원을 얻는 뒤집힌 십자가의 방식 말이다. 그는 그의 바깥에서 도래해 세계를 바꾼 예수의 십자가 사건을 통해 구원을 얻는다.

시험이 강화되고 계급이 강화될수록 그의 죄는 더욱 깊어져 갈 것이다. 그러나 그것은 개인의 죄가 더해지는 것이 아닌 세계의 죄가 더해지는 것이다. 철학자 김상봉이 지적하듯 모두가 조국의 길로 들어서는 행위니까 말이다. 그러므로 조국의 죄를 없애는 것이 세계의 죄를 없애는 것이다. 이것은 시험의 강화를 통해 이루어질까? 그것은 정반대로 계급 없는 사회, 학벌 없는 사회를 통해서 이루어질 것이다.

모두의 구원이 개인의 구원으로 이르는 길이다. 다시 말해 세계사적인 사건에 의한 구원은 할례를 받든 받지 않든 구원의 길이 놓이듯 모든 이들이 구원사에 놓인다. 또한 그곳에서 모든 개인의 죄는 믿음으로 말미암아 무화된다. 믿음을 가졌던 이의 몰락은 믿음으로 말미암아 구원으로 진입한다. 그러나 그의 믿음의 성취는 그와 전혀 무관한 세계를 전도시키는 어떤 '절대적 타자'의 응답에 의해 성취될 것이다.

바깥

"신자들은 모두 함께 지내며 모든 것을 공동으로 소유하였다. 그리고 재산과 재물을 팔아 모든 사람에게 저마다 필요한 대로 나누어 주곤 하였다. 그들은 날마다 한마음으로 성전에 열심히 모이고 이 집 저 집에서 빵을 떼어 나누었으며, 즐겁고 순박한 마음으로 음식을 함께 먹고, 하나님을 찬미하여 온 백성에게서 호감을 얻었다."

누가, 「사도행전」

최근에 들은 설교에서 내가 다니는 교회 전도사님이 인용하신 말씀이다. 새삼 놀랐다. 한국 개신교는 생각보다 레드 콤플렉스가 심해 이런 구절들을 은근히 기피한다고 생각했기 때문이다. 물론 이건 내 개인적인 추정이다. 하지만 설교로 가르치시는 모습을 보니 새삼 오해였나 싶기도 했다.

유대-기독교 사상에서는 세상이 때가 이르러 끝에 임할 때 현재의 세계는 바깥에 메시아에 의해 전복되고 천년왕국이 도래한다는 사상이 있다. 그래서 유대-기독교에서 세계는 사라지는 것으로 제시된다. 외부로부터 불어오는 메시아의 세계는 현시대를 구원의 세계로 진입하게 한다. 반대로 현세에서 시간의 진행은 메시아를 향해 나아가는 시제로 제시된다. 단 이것은 자연스러운 시간의 진행이 아닌 헤겔이 말한 진무한, 유한자들의 운동을 매개한 시제이다. 그래서 메시아로 나아가는 것, 현 세계는 사라지고 천년왕국에 가까워지는 시제, 그것은 '네 이웃을 너 자신처럼 사랑해야 한다.'로 나아가는 시제다. 그러므로 서로 다른 공간에서 불어오는 시간의 양극성은 한 점으로 수축되어 현세가 천년왕국이 되는 시제에서 만나 현세는 구원에 의해 사라질 것이다. 그래서 초대교회가 모든 것을 공동으로 소유하고 '온 백성에게 호감을 얻었다'라는 구절을 유추하면 현세의 시간을 메시아적 시제로 도약해 마주치려는 행위이다. 지상에서 벌어지는 메시아적 운동은 세계 바깥의 천년왕국을 도래시키는 운동이 된다. 그리고 이 운동은 나의 한계를 확장시킬 나의 바깥 타자를 필요로 한다. 그래서 이들은 메시아 왕국을 현세에 도래시키고자 기존 체계와는 독립된 공동체를 조직했다.

"되풀이하자면, M-C-M이라는 자본의 운동에는, 자본이 만나게 되는 두 개의 위기적 계기가 있습니다. 그것은 노동력 상품을 사는 일과, 노동자에게 생산물을 파는 일입니다. 만약 이중 어느 것에서 실패한다면, 자본은 잉여가치를 획득할 수 없습니다. 바꾸어 말해, 자본일 수가 없습니다. 노동자는 이 두 개의 장에서, 자본에 대항할 수 있습니다. 하나는 안토니오 네그리가 말한 것처럼, '일하지 말라'라고 하는 것입니다. 물론, 그것은 '노동력을 팔지 말라(자본제 하에서 임금노동을 하지 말라)'는 의미입니다.

또 하나는, 마하트마 간디가 말했듯이, '자본제 생산물을 사지 말라'는 것입니다. 그것들은 노동자가 '주체'가 될 수 있는 장에서 이루어집니다. 그러나 노동자=소비자에게 '일하지 않는 것'과 '사지 않는 것'을 가능하게 하기 위해서는, 그와 동시에 일을 하거나 사는 것이 가능한 토대가 없으면 안 됩니다. 따라서 비자본제적인 생산과 소비의 형태를 만들어내는 초출적인 투쟁(생산-소비협동조합이나 LETS)이, 자본제 경제 하에서의 내재적인 투쟁에 있어서 불가결한 것입니다."

가라타니 고진, 「NAM에 대하여」

가라타니 고진의 지적대로 서로가 '나'로서 기능하기 위해서는 그것이 가능한 토대가 성립해야 한다. 그는 자본주의에 대항하기 위하여 New Association Movement, 통칭 NAM을 만들었다. 공적인 것에 대항하기 위해서는 공적인 체제에 자신을 팔지 않을 대안적인 공동체가 필요한 법이다. 왜냐하면 공적인 체계로부터 생산물을 얻어 그것을 소비하는 순간 저항은 불가하기 때문이다. 다시 말해 생활에서 필요한 것을 공적인 체계에서 구해야 하는 순간 우리는 공적인 체계, 예를 들어 기업들에 자신을 판매해야 한다. 그러나 내가 필요로 하는 것을 증여해주는 공동체가 있다면 그럴 필요가 사라진다. 그래서 초대교회나 NAM 운동은 대안적인 공동체를 설립한 것이다. 이 대안적인 공동체 속에서 생산과 소비가 이루어지는 순간 공적인 체계와의 연결고리를 끊을 수 있다. 다시 말해, 대안적인 공동체에서 생산과 소비의 활동이 공적인 체계를 해체할 키를 쥐고 있다.

질문과 사람

오고가는 질문과 대답 속에서 그 사람이 어떤 사람인지 드러난다.

아버지가 가장 좋아하는 덕목은? – 단순성

아버지가 남자에게서 가장 좋아하는 덕목은? – 강인성

아버지가 여자에게서 가장 좋아하는 덕목은? – 연약성

아버지의 주된 성격은? – 목적의 단일성

아버지가 생각하는 행복은? – 싸우는 것

아버지가 생각하는 불행은? – 굴복하는 것

아버지가 가장 쉽게 용서할 수 있는 악덕은? – 쉽게 속는 것

아버지가 가장 싫어하는 악덕은? 굴종

아버지가 가장 싫어하는 사람은? – 마틴 터퍼(1810~1889: 내용 없는 도덕을 설교하는 시들을 지은 영국의 시인)

아버지가 가장 좋아하는 일은? – 독서에 빠지는 것

아버지가 가장 좋아하는 시인은? – 셰익스피어, 이이스큘로스(Aeschylus: 그리스의 비극시인), 괴테

아버지가 가장 좋아하는 산문작가는? – 디드로(1713~1784: 프랑스의 혁명적 부르주아지의 사상가)

아버지가 가장 좋아하는 영웅은? – 스파르타쿠스, 케플러(1571~1630: 병약, 빈곤, 전쟁 중에서도 행성의 세 법칙을 발견한 독일의 천문학자)

아버지가 가장 좋아하는 여주인공은? – 그레트헨(괴테의 『파우스트』 1부의 여주인공)

아버지가 가장 좋아하는 꽃은? – 월계수

아버지가 가장 좋아하는 색깔은? – 빨강

아버지가 가장 좋아하는 이름은? – 로라, 예니

아버지가 가장 좋아하는 요리는? – 생선

아버지가 가장 좋아하는 경구는? – 모든 인간적인 것은 나와 관련이 있다.

아버지가 가장 좋아하는 좌우명은? – 모든 것은 의심하라.

「칼 마르크스가 딸들과 함께한 고백 게임」

이 게임은 마르크스가 어떤 사람인지 드러나는 대화가 아닐까 싶다. 특히 마르크스의 좌우명인 '모든 것을 의심하라'는 듣는

순간 나의 좌우명이 됐다. 그리고 그가 좋아하는 경구인 '모든 인간적인 것은 나와 관련이 있다'는 그가 무감각하지 않고 타인에게 반응하는 사람이라는 것을 알려주는 경구라고 생각한다. 그가 좋아하는 꽃 '월계수'는 승리를 상징하는 꽃, 그래서 그는 모든 인민과 월계수를 쓰려고 하지 않았을까? 현실은 비루할지언정 승리를 쟁취하는 그 날에 말이다. 마르크스는 이러한 승리를 위해 싸우는 것에서 행복을 찾고 굴복하는 것에서 불행을 느낀다. 그리고 용서를 대하는 태도를 보면 참으로 무서운 사람이라는 생각이 든다. 어리석어서 속는 이는 용서할 수 있어도 지혜로운 이는 체제에 의도적으로 굴종하는 것이므로 용서할 수 없다고 말하는 사람이니 말이다. 그래서 그가 자연스럽게 이 맥락을 통해 전하는 내용은 사회에서 존중받는 이들이 혁명에 동참하지 않는 것은 용서가 안 된다는 말이 아닐까 싶다. 그들은 속는 입장이 아니니까 말이다. 마르크스는 이런 사람이었다.

조건

"공산주의는 경제적으로는 주요한 민족들이 '일거에' 그리고 동시에 수행하는 것에 의해서만 가능하며, 그것은 생산력의 보편적인 발전과 그것과 결부된 세계교통을 전제로 하고 있다."

칼 마르크스, 『독일 이데올로기』

마르크스는 사회주의 혁명이 가능하기 위한 조건으로 세계교통을 전제했다. 다시 말해 혁명은 국가를 넘어서는 교통이 확보되어 모든 민족이 일거에 그리고 동시에 수행해야만 가능하다. 이 조건을 바탕으로 가라타니 고진은 과거 파리코뮌의 실패와 사회주의의 실패를 분석하고 있다. 그리고 이것은 그의 철학의 지표 중 하나다.

파리코뮌은 일국의 봉기에 그쳤으며, 그 사건은 다른 열강들의 간섭으로 인해 실패했다. 마르크스는 이를 예측해 봉기에 반대했고 그의 예측은 적중했다. 또한 그는 미래에 사회주의 혁명을 협동조합 모델로, 로치데일 원칙으로 제시했는데, 이것 또한 전 세계 동시혁명으로 가능하리라 봤다. 왜냐하면 협동조합은 자본제와의 경쟁에서 패배할 수밖에 없는 모델이기 때문이다. 예를 들어, 자본제 기업은 아무렇지 않게 해고를 하고, 뛰어난 기술자를 높은 급여로 고용하지만, 협동조합은 모두가 평등한 1인 1표제를 지닌 주주이기 때문에 자본의 방식을 도입할 수 없다. 따라서 자연적으로 자본제와의 경쟁에서 패퇴하고 살아남기 위해서는 자본을 들여올 수밖에 없다. 그래서 마르크스는 혁명은 일국의 차원이 아닌 전 세계적 차원에서 동시에 일어나야 성공한다고 첨언했다.

그러면 현재의 우리의 조건은 어떨까?

"비릴리오는 이러한 사적공간과 공적공간의 구획이 해체되는 데 결정적인 역할을 한 것으로 '실시간'이라는 새로운 시간 패러다임과 이를 토대로 한 존재 방식인 '원격현전'을 들고 있다. (…) '지금'이라는 현재시간과 '여기'라는 현재 공간은 이제 의미가 없다. 모든 것들이 원격통신에 의해 지금과 여기가 될 수 있기 때문이다. 지금 여기에 있음과 동시에 지금 거기에 존재할 수 있는 새로운 존재 유형이 탄생한 것이다. 거기라는 물리적 거리감은 이제 의미가 없다. 더 이상 먼 곳은 먼 곳으로 존재하는 것이 아니라, 여기에서도 근접 가능한 것이 되었다."

심혜련, 『20세기의 매체철학』

모든 공간의 구획이 해체되고 공간 사이의 시차는 '실시간'으로 변경되었다. 모든 공간이 원격통신에 의해 현재가 되었다. 공간의 물리성은 이진법으로 이뤄진 네트워크 세계로 재편되었다. 즉 현시대는 보편적 교통이 형성된 것이다. 간단히 모두가 알 것이다. 미국의 행사인 블랙 프라이데이에 맞춰서 한국의 사람들이 그 행사에 참여해 저렴한 가격으로 상품을 구매하는 모습은 더 이상 낯선 일이 아니다. 현시대는 전 세계적 교통망이 형성됐다. 하지만 전 세계적 교통망이 형성됐다고 사회주의 혁명을 하자고 주장한다면, 나부터 반대할 것이다. 왜냐하면 혁명이란 처음에 마르크스의 생각과 달리 파리코뮌처럼 일국적이면서, 개인적으로 진행되어 타당성을 검증받기 때문이다. 또한 마르크스의 생각처럼 일국적이면서, 개인적으로만 진행되면 타국의 간섭, 혹은 자본제와의 경쟁시스템에 의해 패퇴한다.

혁명이란 일국적이면서도 개인에서 시작하는 행위가 추후에 타당성을 얻어 보편적으로 전파되는 과정을 지닌 운동성을 띤다. 하지만 이것은 세계교통에 의해 빠르게 전파될 것이다. 그래서 혁명은 환상적 지표를 가지면서 현실을 매개하는 운동이어야 한다. 즉 헤겔의 조언처럼 지표는 현실에서 시작해야 한다. 다시 말해 일국에서 시작하는 혁명이 국가들에 대항 가능한 생산수단을 넘는 혁신을 갖추면서 세계교통을 통해 빠르게 세계를 잠식하는 운동으로 펼쳐져야 한다. 그것은 일반의지와 대항 가능한 운동이면서 동시에 일반의지를 파괴하는 운동이다. 사회주의 혁명의 성공과 실패는 현실을 매개하는 현실성과 동시에 시작하는 정신이 필요하다는 교훈을 알려준다.

폐기

"이런 예를 생각해보라: 우리가 '모세는 존재하지 않았다.'라고 말한다면, 이것은 다양한 것들을 의미할 수 있다. 그것은 다음을 의미할 수 있다: 이스라엘 사람들은 이집트에서 탈출할 때 단 한 명의 지도자도 갖지 못했다—또는: 그들의 지도자는 모세라고 불리지 않았다—또는: 모세에 관해 성경이 전하는 모든 것을 성취한 사람은 아무도 없었다.—또는: 기타 등등—러셀에 따르면, 우리는 이렇게 말할 수 있다. 예를 들어 '이스라엘 사람들을 이끌고 황무지를 건너간 사람', '이러이러한 시대와 장소에 살았고 당시 '모세'라고 불린 사람', '어린 시절 파라오의 딸이 나일강에서 건진 사람' 등등. 그리고 우리가 어떤 하나의 정의나 다른 정의나 다른 정의를 받아들이는 데 따라 '모세는 존재했다'라는 문장은 서로 다른 의미를 얻게 되며, 모세에 관한 다른 모든 문장도 마찬가지다."

루트비히 비트겐슈타인, 『철학적 탐구』

모세는 두 개의 공동체 규칙 사이에 존재한 사람이었다. 이 둘 사이의 규칙의 차이는 모세의 삶을 변화시킨다. 다시 말해 모세는 어떤 공동체의 규칙을 받아들이느냐에 따라 '이집트의 왕자'로서 살아갈 수도 있고 '이스라엘 민중을 이끌고 홍해를 건너는 사람'일 수도 있다. 그래서 엄밀한 의미에서 모세는 존재하지 않는다. 모세는 공동체 구성원들 '사이'에 존재할 뿐이다. 그것은 타자와 함께 존재할 때 '모세'라는 단일한 자아는 존재하지 않는다는 의미이며, 모세의 자아는 타자들 사이에 형성된 규칙의 관계 속에서 존재한다. 그가 히브리 공동체의 규칙을 받아들여 파라오와 대면했을 때는 어떤 사건이 벌어질까? 그는 파라오의 총애를 받는 이집트의 왕자가 아니라 파라오의 '적'으로 변화한다. 왜냐하면 이집트의 규칙을 거절한 자이기 때문이다. 또한 이스라엘 민중들이 광야의 생활에 지쳐 이집트의 규칙을 다시 받아들이려 할 때도 그는 그 규칙을 거절하는 자로 등장한다. 규칙을 선택하는 것에서 모세의 삶의 맥락이 드러난다. 만약 모세에게 야훼의 규칙이 드러나지 않는다면 이스라엘 민중을 광야로 이끄는 모세의 삶의 맥락은 존재하지 않는다. 그래서 어떤 하나의 규칙이나 다른 규칙을 받아들이는 데 따라 모세는 서로 다른 의미를 얻게 되며, 모세에 관한 다른 의미도 모두 마찬가지다. 즉 어떤 규칙을 받아들이느냐에 따라 삶의 맥락은 변화하는 것이다.

삶에 적용되는 규칙이 달라지면서 모세의 의미가 변화한 것을 볼 수가 있다. 다시 말해 이것은 규칙에 따라 사람의 삶이 달라지는 것을 알려준다. 그래서 삶이라는 것은 언어의 규칙 변화에 따라 양태를 달리한다. 그리고 이것은 규칙의 사용성과 연관되는데, 모세는 이집트의 규칙을 적용하여 이스라엘 민족을 이끌고 이집트에서 탈출할 수 있었을까? 그것은 불가능하다. 모세가 이스라엘을 이끌고 광야로 가기 위해서는 다른 규칙이 필요하다. 즉 이스라엘 민족을 이집트에서 탈출해 광야로 이끌기 위해서는 새로운 언어규칙이 필요하다. 그리고 그것은 이스라엘 민중이 이집트에서 적용되는 규칙이 핍박으로 다가올 때 현재 적용되고 있는 규칙은 강렬한 의심을 불러와 새롭게 정초하려는 규칙이다. 그래서 규칙에 대한 의심은 결국 규칙의 거부, 다시 말해 자신에게 적용되는 규칙을 거부하는 예외상태를 창출한다.

> "규칙은 마치 도로 표지판처럼 거기에 서 있다.—도로 표지판은 내가 어느 길로 가야 할지에 대해 아무런 의심의 여지도 열어두지 않는 걸까? 도로 표지판은 내가 그것을 지나갈 때 어느 방향으로 가야 하는지, 즉 도로를 따라가야 하는지, 들길을 따라가야 하는지, 들판을 가로질러 가야 하는지를 보여주는가? 그러나 내가 어느 길로 그것을 따라가야 하는지, 즉 표지판의 손가락이 가리키는 방향으로 가야 하는지, 아니면 (가령) 그 반대 방향으로 가야 하는지가 적혀있는가? 그리고 하나

의 도로 표지판만 있는 게 아니라, 도로 표지판들이 연이어 있거나 땅 위에 분필로 표시들이 되어 있다면, 이것들을 해석하는 방식은 오직 하나만 있는가? 따라서 나는 도로 표지판이 결국 의심의 여지를 열어둔다고 할 수 있다. 또는 어떨 때는 의심의 여지를 열어두고, 어떨 때는 그렇지 않다고 말할 수 있다.
(…)

모든 의심은 단지 토대에 존재하는 균열을 드러내는 듯이 보이기 쉽다. 따라서 우리가 먼저 의심할 수 있는 모든 것을 의심한 다음, 이 모든 의심을 제거할 때만 확실한 이해가 가능해진다고 말이다.

만약 정상적인 상황에서 그 목적을 달성한다면-그 도로 표지판은 제대로 되어 있는 것이다."

비트겐슈타인, 『철학적 탐구』

모든 규칙의 의심이 해소되는 것은 규칙의 적용이 명료하게 혼동을 일으키지 않고 상례로써 적용될 때라고 할 수 있다. 여기서 새로운 규칙 적용이 초래하는 곤란함을 알 수 있다. 규칙이 명료하게 적용되지 않아 혼동을 일으키면 그것은 삶의 혼동으로 이어지기 때문이다. 프로이트는 자신의 저서 『토템과 터부』에서 이스라엘 민중이 모세를 살해하고 가나안 땅으로 나아갔다고 해석한 바 있다. 다시 말해 모세가 제시한 광야의 삶을 이스라엘 민중이 폐기하고 유목민적인 삶의 규칙이 아닌 정착민의 삶을 선택했다는 해석이다. 이 사례에서 보듯이 규칙의 적용은 곤란을 초래한다. 그래서 규칙을 사용할 때 그것이 명료하게 적용이 안 되면 규칙의 폐기를 요청한다. 즉 예외를 창출하면 상례로써 적용되는 규칙이 필요하다는 것이다.

2016년 촛불혁명이 초래한 곤란도 여기에서 비롯된다. 그 당시 촛불이라는 예외의 창출은 상례로써 기능할 수 있는 규칙이 부재했다. 규칙이 부재했기 때문에 도올 김용옥은 초법적 예외상태를 거국내각과 동일시했고, 또한 규칙의 부재에서 비롯된 상황은 우상호가 대통령 하야라는 초법적 예외상태를 단순히 박근혜 대통령이 국정에서 손을 떼고 더불어민주당에 국정 운영권을 이양하는 것과 동일시했다. 촛불의 실패는 촛불혁명이라는 예외상태가 상례로써 기능하기 위한 규칙이 부재하다는 현실을 명료하게 보여준다. 실제로 거국내각이란 대의민주주의이며 현실은 변하지 않고 회귀했다. 철학자 진중권의 한탄은 여기서 비롯된다. 박근혜의 모든 것은 문재인에게서 반복되었다.

민주주의에서 주권자란 누구인가? 단순히 인터넷을 검색하면 나오는 정의는 이렇다.

> "국가의 주권이 국민에게 있고 국민을 위하여 정치를 행하는 제도, 또는 그러한 정치를 지향하는 사상."

광화문에서 촛불이 올라가는 순간, 박근혜 하야라는 초법적 예외상태라는 예외가 창출되는 순간을 경험했다. 이 순간 분명히 주권은 이곳에 존재했다. 하지만 대의민주주의에서 이것은 상례로 기능하는가? 촛불이 실패했을 때 대의민주주의는 폐기되어야 하는 규칙으로 드러났다. 이것은 국민주권이 드러나는 것을 가로막는 규칙이다. 민주주의가 적용되지 않는 규칙은 폐기해야 하는 규칙이다. 왜냐하면 대의민주주의의 마무리는 언제나 정당이 주권자로서 드러나기 때문이다. 내가 원하지 않는 법안들을 입법시키는 정당을 지지해야 하는 요상한 구호인 '정권교체'라는 구호와 'OO당은 XX당과 반대되는 정당 혹은 OO당은 XX당을 싫어하는 정당'이라는 술어만을 당선시키는 것과 함께 말이다.

권력과 부가 집중되는 곳에 부패가 피어나는 것을 우리는 수천 년간 경험했다. 그래서 권력은 주기적으로 유동성을 지녀야 한다. 그런데 이상한 일이다. 권력이 교체된 정당에는 내가 지지하는 삶의 형식이 없으니 말이다. 독재를 막기 위해 자신의 삶의 형식을 버려야 하는 구조, 그것이 대의민주주의다. 칼 슈미트가 말하는 '주권자'를 막기 위해 우리는 '주권자'를 요청한다. 대의민주주의가 발생시킨 요상한 게임 규칙인 정권교체는 분명히 독재를 거부하는 형식이다. 그러나 독재를 거부하려고 노력하는 개인들의 행위는 오히려 내가 거부하는 입법을 하는 정당을 지지하는 형식이다. 언제나 하나의 술어에 감정을 이입해 모든 술어가 기입당하는 현상이 우리를 지배한다.

기도

내가 사랑하는 가수 아이유가 2021년 4월 9일에 jtbc에서 방송하는 〈유명가수전〉에 출현했다. 그 방송에서 그녀의 말 중 하나가 나의 귀에 확 들어왔다. 그것은 그녀가 자기 노래 〈Love Poem〉을 설명하던 중 기도를 묵음으로 표현한 것이었다. 기도라는 문화는 명백히 기독교의 문화이며 보편적으로 전 세계에 퍼진 문화이다. 그런데 과연 기도가 타인에게 들리지 않는 묵음일까? 유대-기독교 문화에서 기도의 끝은 '아멘'으로 마무리된다. 이 단어의 기원을 살펴보자.

> "구약성경에서 '아멘'은 주로 '그렇게 될지어다'라는 뜻의 감탄사로, 다른 사람의 메시지나 명령에 동의할 때(신 27:15-26; 왕상 1:36; 렘 28:6), 맹세나 서약할 때(왕상 1:36; 느 5:13) 사용되었다. 또 시편 낭독 후 그 말씀에 동의한다는 뜻으로나 찬양의 대미를 장식하는 말, 혹은 자기 신앙 고백의 끝맺는 말로 쓰였

다(시 41:13; 72:19; 89:52; 106:48). 유대인 회당에서는 예배 때 기도 인도자가 소망을 말하거나 찬양대가 '하나님은 복되다'고 노래하면 회중이 '아멘'으로 화답하였다(대상 16:36; 느 8:6)."

[네이버 지식백과] 아멘 [Amen](『라이프성경사전』, 2006.8.15., 가스펠서브)

기도란 타인에게 말하지 않고 들리지 않는 형식이 아니라 강력한 선언적 형식 혹은 서약의 형식이며 그 선언과 서약을 회답하는 형식이다. 그렇다면 아이유의 기도는 왜 타인에게 전달되지 않는 묵음의 형식이 되었을까? 그것은 그녀의 〈Love Poem〉의 마지막 가사에서 유추할 수 있다. 그녀는 여기서 '네가 고개를 드는 순간 네 앞에 있을게'라는 말로 마무리 짓는다. 이제 우리는 유추할 수 있다. 현재 우리 시대가 고개를 들 수 없는 상황이기에 그녀의 기도는 묵음이 된 것이라고 말이다.

아티스트란 시대를 반영하는 거울이다. 시대의 아이콘으로서 그녀는 자신이 지닌 예민한 감수성으로 시대의 무엇을 반영한 것일까? 그녀는 시대의 종언 그래서 시대의 소망 그리고 그것을 이루려는 선언과 서약이 사라진 시대를 반영한 듯하다. 새삼 안타까운 시대의 초상이 그녀를 통해 우리에게 전해진다. 우울한 장조, 그녀의 〈Love Poem〉, 안타까운 세태를 조심스러우면서도 조용히 알려주는 시대의 거울과도 같은 노래다.

이유

“절망에 직면해 있는 철학이 아직도 책임져야 할 것이 있다면 그것은 오직 사물들을 구원의 관점에서 관찰하고 서술하려는 노력이 아닐까 한다. 인식이란 구원으로부터 지상에 비추어지는 빛 외에는 어떠한 빛도 가지고 있지 않다. 다른 모든 것은 추수적인 재구성에 지나지 않는, 단순한 테크닉에 불과하다. 언젠가 메시아의 빛 속에서 드러날 세상은 궁핍하고 왜곡된 모습일 수밖에 없다면, 그러한 메시아의 관점처럼 세상의 틈과 균열을 까발려 그 왜곡되고 낯설어진 모습을 들추어내는 관점이 만들어져야 하는 것이다. 어떤 자의나 폭력도 없이, 오직 전적으로 대상과의 교감으로부터만 나오는 그런 관점을 획득하는 것이 사유의 유일한 관심사이다. 그것은 지극히 간단한 일인데 그 이유는 현 상황이 절대적으로 그러한 인식을 요청하기 때문이며, 또한 일단 시야에 포착된 완전한 부정성은 거울 속의 뒤집힌 상을 그려내듯 그 반대되는 모습을 재현할 수 있기 때문이다. 그러나 그것은 또한 전혀 불가능한 것이다. 왜냐하면 현존하는 세상의 올가미에서 벗어난—눈곱만큼이라도—관점을 전제하는데, 모든 가능한 인식은 구속력을 얻기 위해서는 현존하는 세계로부터 쥐어 짜내져야 할 뿐만 아니라, 바로 그런 이유로 그 자신이 먼저 자신이 빠져나오려고 했던 왜곡과 궁핍에 가격당할 수밖에 없기 때문이다. 사유가 제약 없는 것을 위해 자신의 제약성을 열정적으로 부정하려 들면 들수록, 사유는 자신도 모르는 채, 좀 더 치명적으로 세상의 손아귀에 떨어지고 만다. '가능성'을 위해 사유는 자신의 불가능성을 파악해야만 한다. 사유에 부과된 이러한 요청을 염두에 둔다면 구원이 현실성이 있느냐 없느냐 하는 질문은 별로 문제가 되지 않는다."

테오도어 아도르노, 『미니마 모랄리아』

나는 왜 묵음이 된 기도를 불편하게 여겼을까? 기원을 유추해 보니 답은 있었다. 그것은 야콥 타우베스의 저서 『바울의 정치신학』을 읽었기 때문이었다. 이 책이 나에게 무의식적으로 매우 강렬하게 영향을 미쳤나 보다. 과거에 내가 사랑했던 테오도어 아도르노의 『미니마 모랄리아』의 구절을 대차게 까는 그의 모습에 감정이 이입되어 아이유에게 불편함을 느낀 것이리라. 그는 아도르노와 구별되는 벤야민의 메시아주의에서 아도르노 이론에 비판을 가한다.

“벤야민에게 중요한 것은 이런 겁니다. 우선적으로 그는 메시아[에 대한 믿음]를 고수했고, 이 믿음이 무슨 중립성[의 영역]으로 빠져들게 내버려 두지 않았습니다. 이건 종교사적 논의가 아니라 일종의 고백 같은 겁니다. 벤야민에 견주자면 블로흐의 글들은 도통 무슨 말인지 모르겠고, 아도르노는 훨씬 더 심합니다. 아도르노의 마지막 저서 ‘미나미 모랄리아’를 생각해보세요. 이 책을 보면 실재적인 것과 ‘마치 ~같은 것’을 구별하고 있는데, 여기서 메시아주의의 핵심이 한낱 만약에 따위로 전락하고 마는 겁니다. 이건 진짜 놀라운 얘기이긴 하지만, 결국에는 공염불에 지나지 않습니다. 반면 청년 벤야민에게 메시아적인 것은 실재적인 것이었지요.”

야콥 타우베스, 『바울의 정치신학』

야콥 타우베스에게는 내가 가장 존경하는 가라타니 고진마저도 비판의 대상이 된다. 왜냐하면 타우베스의 비판에서 보이듯 그가 지표로써 존재하는 사회주의 혹은 국가 없는 사회를 추구하기 때문이다. 그래서 타우베스에게는 메시아적인 것이 ‘만약에’ 혹은 ‘마치 ~인 것처럼’이면 비판대상이 된다. 그가 지지하는 사상가인 바울에게서는 십자가의 사건을 통해 인류가 구원받았다는 명확한 실재성이 확보되고 벤야민에게서도 바깥에서 도래하는 메시아는 반드시 존재한다. 그리고 이 사건은 미래에서 다가오는 메시아의 시제와 만나 과거와 미래가 서로를 수축해서(→)(←) 작용한다. 그들에게 운동은 구원의 현실성이 확보된 서로 다른 양극에서 같은 방향으로 수축하는 것이다. 여기서 벤야민이 미래가 아닌 과거로 회귀해 사유한 이유를 알 수 있다. 그리고 이 주장과 함께 그는 과거에는 구원의 은밀한 지침이 숨겨져 있다면서 그것들을 탐구했다. 다시 말해 벤야민에게 구원이란 미래에서 오는 것이 아닌 과거로부터 오는 구원이며 그래서 이미 존재하고 확보된 사안이다. 벤야민이 탐구하는 사본주의의 시작점인 파리의 아케이드와 현재의 유물론들의 강렬한 집착은 여기서 시작한다. 그리고 그는 들뢰즈가 개체가 지각할 수 없는 최소치의 미시적 유물론을 제시하는 것과 달리 상품 혹은 테크놀로지라는 고체화된 유물론에 집중한다. 왜냐하면 만질 수 있고 탐구할 수 있는 형식은 고체로 표현되기 때문이다. 모두가 고체로 만질 수 있는 성질은 공통의 감각을 조직한다. 그리고 그는 이 기능을 변경하거나 파괴하거나 재조립한다. 즉 포이에르바하에 관한 그의 해석은 개체가 조작할 수 있는 고체로부터 시작한다. 이것은 우연이 아닌 필연의 영역이다.

들뢰즈처럼 바울과 벤야민도 공적인 것을 해체하는 유물론의 최소치에 도달한다. 이들은 모두 유물론적 흐름에 내재한 최소치를 추구한다. 하지만 들뢰즈와 달리 벤야민과 바울의 과제는 개체로부터 작동하는 가로지름에 의한 총체성과 최소치다. 이들은 개체가 유물론의 최소치를 흐르게 한다. 이들은 개체의 영역을 벗어난 세속의 생성을 부정한다. 이들에게 최소치란 고체의 철저한 파편화를 통한 개체 바깥으로 향하는 기능무화이다.

> "세속적인 것의 질서는 행복의 이념 덕분에 기운을 얻을 수 있는 것이었다. 이 질서가 메시아적인 것과 맺는 관계는 역사철학의 본질적인 가르침 주 하나이다. 더 나아가 이 관계로부터 신비주의적인 역사 이해[역사관]의 조건이 정해지며, 이러한 이해에 따르는 문제를 하나의 이미지 속에서 그려 볼 수 있게 된다. 한 화살의 방향이 세속적인 것의 동력을 작동시키는 목표를 나타내고, 다른 화살이 메시아적 강렬함을 나타낸다면, 그럴 경우 자유로운 인류의 행복 추구는 물론 저 메시아적 방향으로부터 멀어지려 애를 쓰지만, 이 멀어짐은 [마치 작용-반작용처럼] 자기 방향대로 움직이는 힘이 반대 방향의 힘을 촉진시키는 것과 같으며, [이와 같은 의미에서] 세속적인 것의 질서 역시 메시아의 나라의 도래를 앞당긴다. 따라서 세속적인 것은 결코 이 나라의 범주가 될 수 없다. 하지만 [이것 역시] 하나의 범주이며, 그것도 가장 적확한 범주들 중 하나, 즉 그야말로 지극히 조용히 이 나라가 다가오게 만드는 범주이다. 왜냐

하면 지상의 모든 것은 행복 안에서 몰락을 위해 노력하기 때문이며, 또한 그것들은 오직 행복 안에서만 몰락을 발견하도록 정해져 있기 때문이다. (…)

반면에 개별 인간의 내면, 즉 마음의 직접적인 메시아적 강렬함은 고통의 감각 속에서 불행을 견뎌 나가는 것이다. 불멸성으로 들어가는 종교적 회복에 상응하는 것은 몰락의 영원성으로 인도하는 세속적 회복이며, 영원히 스러져 가는, 완전히 스러져 가는, 공간적으로나 시간적으로나 완전히 스러져 가는 세속적인 것의 리듬, 메시아적 자연의 리듬이 행복이다. 실로 자연은 메시아적인데, 왜냐하면 그것은 영원히 그리고 완전히 덧없는 것이기 때문이다.

이렇게 스러져 가고자 애쓰는 것, 그러니까 자연으로 존재하는 인간의 여러 단계들에서까지도 스러져 가고자 애쓰는 것, 이것이 세계정치의 과제이며, 이를 위한 방법은 니힐리즘이라 불릴 수 있다."

발터 벤야민, 「신학 정치적 단편」

들뢰즈는 「루크레티우스와 시뮬라크르」에서 유물론적 사물의 탄생과 해체를 개체의 지각영역을 벗어난 가로지름이라는 운동을 합치되고 연속된 과정의 형태로 제시함으로써 이 가로지름으로 오히려 공적인 총체성, 암적인 기관 없는 몸체를 탄생시켰다. 그리고 가로지름의 최소치는 총체성을 극복하는데 장대한 시차가 필요하다. 반면에 벤야민은 「신학 정치적 단편」에서 서로 다른 방향으로 작동하는 유물론의 양극을 포착하고 있다. 즉 벤야민은 유물론의 가로지름이 합치될 수 없는 두 차원을 본 것이다. 그는 분명히 가로지름의 두 차원, 세속적인 것과 메시아적인 것이 달리하는 운동이라는 것을 포착한다. 여기서 하나는 세속적인 동력에서 작동하고 다른 하나는 메시아적 강렬함을 나타낸다. 그러면서 그는 분명히 메시아적 차원의 스러져가는 유물론의 운동을 정치적 과제로 삼는다. 그렇다면 이 정치적 과제는 어떤 방식으로 이루어지는가? 최소치를 향해 스러져가는 유물론의 운동은 들뢰즈가 주장한 유물론의 가로지름에 의한 내재적 운동으로 작동하는 것이 아니라 개체가 선포하는 유물론의 외부인 법에 의해 작동한다.

> "법이란 모든 언어활동이 행위수행적인 가치를 가지려고 하는 영역이라고 정의될 수 있다. 따라서 언어를 통해 사물을 형성한다는 것은 단순한 아이들의 장난이 아니며, 법이란 언어와 사실이 언어적 표현과 현실적 효력이 일치하고 있는 인간 존재의 마술적-법적 단계의 언어활동 분야에서의 잔여라고 간주할 수 있는 것이다. (…) 즉, 행위수행적인 것은 언어와 사실 사이의 통상적인 지시적 관계 대신에, 이것을 장의 외부로

추방하면서 자신을 결정적인 사실로서 성립시키는 자기언급적 인 관계를 갖는 것이다. 여기에서는 언어와 사물 사이의 진리 관계는 존재하지 않으며, 언어활동과 세계 사이의 관계의 순수 형식이야말로 본질적인 것으로서 그것은 이제 그 자체가 모든 현실적인 관계와 효과의 생산자로 전화된다."

조르조 아감벤, 『남겨진 시간』(야콥 타우베스 주석서)

마르크스는 추후에 유물론을 넘어 생산수단에 관해 1인 1표 원칙을 고수한 로치데일 원칙이라는 법의 영역으로 넘어간 바 있다. 이처럼 로마시대를 살아가던 바울도 법에 주목한다. 그리고 바울에게 법이란 언어로 사물을 생산하는 원리형식이다. 하지만 바울은 마르크스와 구별된다. 왜냐하면 마르크스는 생산수단을 부수지 않지만 바울은 유물론적 구조를 부수는 메시아적 니힐리즘을 구현하는 자이기 때문이다. 즉 그는 세상이 타자가 '나'로서 기능하지 않는다면 사물이 구현하는 유물론의 구조를 법으로써 때려 부수는 러다이트 운동을 전개하는 자이다. 그는 법을 통해 현실을 생산하고 타자를 생산한다. 그 앞에 모든 사물의 운동은 스러져가는 운동에 불과하다.

"저는 여기서 벤야민이 전개한 니힐리즘의 개념은 동시에 '고린도서'와 '로마서'에 나오는 '없는 듯[아무것도 갖지 않은 듯]

살아라'라는

표현에 대한 실마리이기도 하다는 주장을 펼치려 합니다. 세계는 스러져 가는 것이고, 시 세계의 모습 역시 지나갑니다. '고린도서'와 '로마서'에서 세계에 대한 태도는 청년 벤야민이 니힐리즘이라고 부른 바로 그것입니다."

야콥 타우베스, 『바울의 정치신학』

이 무상한 스러져가는 운동을 통해 구현되는 것을 야콥 타우베스는 명시적으로 말하고 있다. 그것은 타자라고 말이다.

"철학에 존재하는 다른 방식은, 저는 이걸 이렇게 표현하고 싶습니다. 그리스도를 가로질러서 헤겔에게로, 그러니까 이런 겁니다. 진리는 정말로 도달하기 어려우며, 따라서 전체 역사를 통과해야만 하는 것이다. 그렇지만 일단 통과하고 나면, 진리는 만인을 위한 것이 된다. 맑스와 그리스도교죠. 고대 철학에 대한 그리스도교의 봉기—전체적으로 볼 때 저는 이게 정당했다고 생각합니다만—는 한 가지로 압축됩니다. '어째서 극소수냐?' 진리가 중요하고 또 진리에 구원이 달려있는 거라면—그런데 당연하게도 그리스도교가 들여온 이 구원이라는 놈은 결코 만만히 볼 게 아니었죠(물론 이미 플라톤한테도 이런 방향을 암시하는 부분이 있긴 했습니다.)—어떻게 진리가 극소수를 위한 것일 수 있냐는 거죠. 진리는 모두를 위한 것이어야 한다는 겁니다. 그리고 이오니아에 예나까지 이어진 이 곡선의 끝에서 이제 니체가 등장합니다. 곡선으로 흐르던 역사가 끝에 다다르자 다시금 이런 물음이 부상하게 됩니다. '그리스도교의 활력이 다 소진되고 나면, 인간의 인간성은 어디에 남아 있게 될 것인가? 그리고 인간의 인간성이란 지혜, 즉 소피안 제우토신[고린도전서 1장 22절]입니다. 지혜가 인간을 인간으로 만들어 줍니다. 그렇지 않으면 인간은 그저 두 개의 다리를 가진 존재, 시끄럽게 소리만 지르는 생물체일 뿐이라는 겁니다. 그리고 이제 니체가 말합니다. '지혜로운 자란 나른 이들이 하는 노동에 기생해야만 존재할 수 있는 사람이다.' 지혜로운 자에게는 여가가 있어야 한다는 겁니다. 그리고 여가란 다른 사람들이 그를 위해 노동을 한다는 뜻이지요. 다시 말해 노예를 부릴 수 있어야 한다는 말입니다."

야콥 타우베스, 『바울의 정치신학』

이 글을 읽고 새삼 새롭게 들려오는 소리들이 있다. 자본가들의 소리, 그들을 대변하는 신자유주의자들의 소리이다. 언어매체와 유물론 매체의 성질은 다르다. 언어매체는 기본적으로 타자라는 관계성으로부터 의미가 창출되는 매체이다. 만약 그렇지 않다면 이것은 자폐증으로 침잠한다. 그래서 이것은 타자에게 투과되어야만 의미를 획득하지만 동시에 타자는 이러한 언어의 투과성을 쉽게 거절할 수 있다. 그래서 이것은 보편적이다. 하지만 유물론은 다르다. 이것은 기본적으로 유기체적인 타자와의 관계에서 출발하는 것이 아닌 무기체와의 소통으로부터 출발한다. 다시 말해 마르크스가 『포이에르바하에 관한 테제』에서 언급한대로 이것은 타자와의 관계로부터 출발하는 것이 아닌 '나'로부터 출발하며 그래서 국소적인 운동이다. 이것은 타자의 언어가 자신에게로 침투하는 것을 필요로 하지 않으며 의미를 획득하기 위해서는 '나'의 언어 혹은 무기체를 향한 '나'의 조작만 필요하다. 그러므로 이것은 타자와의 관계를 배리할 가능성을 크게 가진다. 그래서일까? 그들은 목소리를 높여 유물론적 혁신을 위해 목청껏 소리를 내지른다. '규제철폐', 법을 철폐하라! 그들은 가라타니 고진의 주장처럼 새로운 유물론적 가치체계를 만들면서 자본주의를 유지한다.

흥미롭게도 자본가들과는 달리 현시대에 바울과 같이 강력한 러다이트적 입장을 견지하는 일본의 애니메이터가 있다.

> "그게 말이죠. 매일 아침 보던 친구가 있는데 장애가 있는 친구였습니다. 하이파이브를 하는 것조차 힘들어했죠. 손이 뻣뻣해서 제 손에 대는 걸 힘들어했어요. 그 친구 생각이 나서 저 영상(AI 기술로 만든)이 마음에 들지 않습니다. 저걸 만든

사람이 누구든 인간의 고통을 고려하지 않았어요. 아주 불쾌합니다. 여러분이 원한다면 끔찍한 것들을 만들 수 있겠지만. 저는 저런 일과 엮이고 싶지 않습니다. 저건 삶에 대한 끔찍한 모독이에요."

〈미야자키 하야오의 끝나지 않은 이야기〉 중

미야자키 하야오의 유물론적 고찰은 유물론이란 생성을 통한 운동이 아닌 스러져가는 무상함 속에서 법이 작동하는 세계의 니힐리즘이다. 〈천공의 성 라퓨타〉에서 시타와 파즈가 외치는 멸망의 법 '바루스'는 공적인 유물론적 체계를 즉각적으로 해체하는 시타와 파즈의 운동이자 스러져 사라지는 세계의 몰락인 무상한 라퓨타의 니힐리즘에 의해 탄생한 세계의 잔여를 바라보는 그들의 양의적 시선을 담은 언어이며 유물론적 헤게모니의 최소치만 남기는 세계의 법이다. 최소치로서 작동하는 법이라는 세계의 니힐리즘은 모든 라퓨타의 기능을 정지시킨다. 새를 사랑하고 꽃을 가꾸며 자연과 어울리는 정원사의 기능만을 제외하고 말이다.

새로운 시대를 요청하며

"수백 년에 걸쳐 문필 분야에는 소수의 글 쓰는 사람에 대해 그 수천 배에 달하는 글 읽는 사람이 있었다. 그러던 것이 지난 세기 말부터 변화가 일어났다. 정치적, 종교적, 학문적, 직업적 제 분야의 기관지와 지방지를 독자에게 보급하게 된 신문의 점진적인 확장으로 인하여 점점 더 많은 수의 독자가—처음에는 소수의 독자가 그랬지만—필자의 입자에 서게 되었다. 그것은 일간신문이 그들에게 '독자 투고란'을 개설하면서 시작되었다. 따라서 오늘날에 와서는 직업을 가진 유럽인치고 직업 체험담이나 항의, 르포르타주와 이와 유사한 것들을 발표할 기회를 갖지 못하는 사람은 원칙적으로 거의 없다고 보아야 할 것이다. 이로써 필자와 독자의 차이는 근본적으로 그 의미를 상실하게 되었다. 필자와 독자의 차이는 이제 다만 기능상의 차이가 되었고, 또 경우에 따라서는 이렇게도 될 수 있고, 저렇게도 될 수 있게 되었다. 독자는 언제든지 필자가 될 준비가 되어 있다. 고도로 전문화된 노동 과정에서 싫든 좋든 전문가가 될 수밖에 없었던—비록 하찮은 분야의 전문가일망정—독자는 필자가 될 기회를 얻게 된다. 노동 자체가 곧장 말로 표현된다. 노동을 말로 서술하는 것은 노동을 수행하는 데 필요한 능력의 일부가 된다. 글을 쓰는 권한은 이제 특별한 전문교육이 아니라 종합기술교육에서 그 기반을 얻게 되고, 그럼으로써 그러한 능력은 공동재산의 성격을 띠게 된다."

발터 벤야민, 「기술복제 시대의 예술작품」

「신학 정치 단편」에서 유물론의 흐름은 두 축이 있다고 했던가. 벤야민은 그가 살았던 시대에 비로소 세속적 유물론이 메시아적 유물론의 흐름으로 전도됐다고 여겼던 것 같다. 그리고 그도 바울과 같이 법의 생산으로 넘어간다. 벤야민이 「기술복제 시대의 예술작품」에서 언급한 '독자 투고란'은 직접 민주주의의 가능성을 엿보이고 있다. 마르크스는 혁명의 조건으로 보편교통을 전제한 바 있다. 즉 교통의 발전은 혁명의 가능성을 확장하는데 벤야민은 마르크스가 『독일 이데올로기』에서 주장한 바로 그 지점에 서 있다. 벤야민은 신문의 점진적인 확장으로 인하여 모든 분야의 독자가 필자의 입장에 서게 됐다고 말한다. 교통의 발전으로 신문 산업은 확장할 수 있었으며, 동시에 글을 읽는 사람은 신문사에 글을 투고할 기회를 얻게 됐다. 그와 동시에 독자와 필자 사이의 경계는 없어졌으며 모두가 독자이자 필자가 될 수 있다. 벤야민의 이 통찰은 대의민주주의를 겨냥하는 것 아닐까?

고도로 전문화된 노동 속에서는 모두가 좋든 싫든 그 노동의 전문가가 되고 신문이 발전하면서 노동은 말이 된다. 그 분야의 노동을 직접 하는 사람이 필자가 된다는 것은 무슨 의미일까? 이것은 어떻게 대의민주주의를 겨냥할 수 있을까? 현재의 대의민주주의는 모든 교환의 초월자가 된 화폐처럼 국회를 매개로 법안을 입법한다. 대의민주주의는 마치 연필과 지우개가 직접 교환되는 물물교환을 화폐와 매개시켜 교환을 성사시키는 것과 유사한 구조라 할 수 있다.

> "20자의 옷감=한 벌의 상의 또는 20자의 옷감은 상의 한 벌의 가치가 있다는 표현은 한 벌의 상의=20자의 옷감 또는 한 벌의 상의는 옷감 20자의 가치가 있다는 역관계를 포함하고 있다. 하지만 상의의 가치를 상대적으로 표현하기 위해서는 이 등식을 반대로 할 필요가 있다. 그러면 상의 대신 옷감이 등가물이 된다. 그러나 동일한 상품이 동일한 가치 표현으로서 양쪽의 형태로 동식에 나타날 수 없다. 이 두 형태는 오히려 대극적으로 서로를 배제한다."
>
> 칼 마르크스, 『자본론』

한 벌의 상의에 20자의 옷감을 등치시킬 때 양자 간의 합의가 발생한다면 그때서야 비로소 교환이 발생한다. 그런데 이때 교환이 확장되면 확장될수록 교환의 어려움이 발생한다. 예를 들어 수박과 한 벌의 상의는 어떻게 교환이 발생하는가? 또는 옷감과 수박의 교환은 어떻게 발생하는가? 마르크스가 말하듯이 교환에 내재한 어려움은 여기에 있다. 그 상품에서 교환은 서로를 대극적으로 배제하기 때문에 교환이 발생할 때마다 가치를 새로이 합의하려면 교환은 원활히 작동하지 않는다. 다시 말해 옷감과 수박을 교환할 때처럼 서로의 교환을 성사시키기 위해 새롭게 가치를 정립하거나 수박과 농기구의 교환을 위해 서로의 가치를 새롭게 합의하기 위해서는 합의에 어려움이 존재한다. 그래서 교환이 원활히 작동하기 위해서 하나의 상품에 가치를 고정시키는 것이다. 화폐는 이렇게 탄생한다. 현시대에 우리는 화폐라는 상품에 모든 가치를 고정시킨 화폐를 통해 모든 것을 교환한다. 여기서 화폐의 물신성이 탄생한다.

"화폐소유자가 노동력을 시장에서 상품으로 발견하기 위한 제2의 본질적인 조건은 노동력의 소유자가 자기 노동을 대상화시킨 상품을 판매할 수 없고 그 대신 자신의 살아있는 육체 안에서만 존재하는 자신의 노동력 그 자체를 상품으로 팔기 위해 내놓아야 한다는 것이다. (…) 그리하여 화폐의 자본으로의 전화를 위해 화폐소유자는 상품시장에서 자유로운 노동자를 발견해야 한다. 이 자유롭다는 것은 이중적인 의미가 있는데, 즉 한편으로는 그 노동자가 자유로운 인격체로서 자신의 노동력을 자신의 상품으로 마음대로 처분한다는 의미이며 다른 한편으로는 판매할 아무런 다른 상품도 가지고 있지 않을 뿐만 아니라 자기 노동력의 실현에 필요한 모든 물적 조건에서도 분리되어 있다는 의미이다."

칼 마르크스, 『자본론』

화폐에 모든 것의 가치가 고정되는 순간, 사람도 화폐에 가치가 고정된다. 화폐를 소유하지 않으면 화폐를 얻기 위해 화폐를 소유한 자본가에게 자신을 팔아야 한다. 모든 것이 화폐를 통해 교환되기 때문에 화폐 없이는 삶이 불가능하다. 원래는 서로가 모두 비대칭적인 관계였지만 화폐라는 단일한 하나에 가치를 고정시키는 순간 관계가 등가적인 관계로 변화되어 모든 것은 화폐로 교환된다. 즉 물신성은 하나의 가치에 모든 것이 고정되는 등가성에서 비롯된다. 그렇다면 대의민주주의는 어떨까? 대의민주주의도 화폐와 마찬가지로 비대칭적인 것을 등가적으로 고정시키는 것 같다. 현시대의 입법은 문제에 당면한 당사자가 아닌 국회를 매개로 입법 활동이 펼쳐진다. 그리고 당사자가 문제를 발의한 것을 국회가 무시한다면 그것은 입법이 될 수가 없다. 벤야민의 문제의식은 여기에 있다.

> "역사적 인식의 주체는 투쟁하는, 억압받는 계급 자신이다. 마르크스에서 그 계급은 해방의 과업을 과거에 때려눕혀진 자들의 세대들의 이름으로 완수하는, 최후의 억압받고 복수하는 계급으로 등장한다."
>
> 발터 벤야민, 「역사철학테제」

벤야민이 독자와 필자의 관계를 무화시킨 이유도 여기에 있나. 사람의 자아란 세계와 독립된 것이 아닌 타자와의 관계, 즉 규칙 혹은 법에 의해 구조화된다. 세계의 규칙에 의해 자아가 탄생한다면, 세계의 규칙을 변경할 때 자아도 변화를 겪는다. 즉 법을 생산하는 주체에 의해 자아는 결정이 되는 것이다. 이 관점에서 보면 현시대의 자아를 생산하는 자들은 국회의원이다. 그러면 민주주의의 정의인 주권이 만인에게 있다는 것은 맞는 정의인가? 모두가 유추하듯이 아니다. 다시 말해 주권이 있다는 것은 법을 생산할 수 있는 자이어야 한다. 법을 생산할 수 없다면 주권이란 존재하지 않는다. 그래서 대의민주주의에서 만인에게는 주권이 존재하지 않는다.

하지만 벤야민이 지적하듯이 유물론의 변혁이 일어나 필자와 독자의 구분이 사라지고 있다. 세계교통은 점점 확대되고 이것은 모두가 필자의 위치에 서게 한다. 신문은 오프라인 체계를 넘어 온라인이라는 네트워크의 체계에 도달했고 이 교통은 빅브라더를 해체했다. 거대 자본을 업은 KBS를 유시민이 해체한 것이다. 노무현의 시대에서 그는 패배했지만, 문재인의 시대에서는 성공했다. 시대가 변했다. 이 시대에는 법의 생산권을 민중이 쟁취할 수 있지 않을까? 언어는 네트워크에서 생산이 가능하도록 이미 변형을 마쳤기 때문이다. 언어는 온라인에서 전 세계로 유포된다.

벤야민의 독자투고란은 이미 네트워크의 시대에 맞게 변형을 마쳤다. 그것은 현재 '청와대 국민청원 게시판'의 형태로 민중이 법 생산을 할 준비를 마쳤다는 의미다. 독자투고란은 투표라는 의결시스템을 지니지 못했지만 '청와대 국민청원 게시판'은 투표라는 의결시스템마저도 갖춰 매번 이 게시판에 올라온 입법사항에 몇 명이 투표했는지 알려준다. 가라타니 고진은 기존 체계에 대항하기 위해서는 여기서 벗어나 대안적으로 생산과 소비를 할 수 있는 생산과 소비의 공동체가 필요하다고 말했다. 현시대의 교통은 삼권분립에서 벗어나 예외상태를 창출하는 법의 생산과 그것의 소비인 자체적인 의결을 이룰 수 있다. 즉 네트워크에서 활동하는 사람들이 삼권분립에서 벗어난 '청와대 국민청원 게시판'과 같은 네트워크 공간에서 입법하고 그 법에 투표해 자체적으로 의결할 수 있다. 하물며 시대는 블록체인이라는 기술의 발달과 함께 보안마저도 완벽해지고 있다.

민중이 자체적으로 입법과 의결을 하는 네트워크 공간은 기존의 대의민주주의와는 성질이 다르게 운영된다. 기존의 정치체계는 소수의 정당들이 수많은 술어들을 생산해 그 많은 술어들 중 하나의 사안에 감정을 이입하게 해서 다른 동의하지 않는 사안들을 민중들에게 기입하는 체제라면 이 공간은 하나의 사안에 다른 법들이 등가적으로 연동되어 의결되지 않는다. 여기서는 각각의 법안이 비대칭적으로 존재한다. 예를 들어 정당에서는 남북평화와 공공주택과 페미니즘을 연동해서 법안을 상정한다면, 네트워크의 공간에서는 각각의 법들이 비대칭적으로 구분되어 상정된다. '청와대 국민청원 게시판'을 보면 운영방식이 하나의 사안에 투표하는 형식이지 여러 사안을 해결하는 정당에 투표하는 구조가 아니라는 것을 알 수 있다. 그곳에서는 모든 가치를 일치시키는 고정항이 존재하지 않는다.

철학자 진중권은 요즘 2030세대는 이념이 아닌 사안에 따라 정치적 의사결정을 하는 세대라고 말한다. 하지만 정당이라는 구조 자체가 이념을 강조한다. 왜냐하면 정당에 투표하는 것은 하나의 사안에 감정을 이입함과 동시에 나머지 사안들에도 강제적으로 동의해야 하는 구조이기 때문이다. 그래서 이 새로운 공동체의 법 생산-의결구조는 새로운 시대의 패러다임과도 일치한다.

"그런데 누가 서명하는가? 그것은 항상 그렇듯이 신, 전혀 다른 자다. 신의 폭력은 모든 이름에 항상 선행했던 게 될 테지만, 또한 모든 이름을 선사했던 게 될 것이다. 신은 이처럼 순수한－그리고 본질상 정당한 폭력의 이름이다. 이외의 다른 폭력이란 존재하지 않고, 그것 이전에는 어떤 폭력도 존재하지 않으며, 그것 앞에서 다른 폭력은 스스로를 정당화해야 한다. 권위와 정의, 권력, 폭력이 그 안에서는 하나를 이룬다.

항상 타자가 서명한다는 것, 아마도 이 논문이 서명하는 것은 바로 이것이리라. 자신의 진리, 곧 항상 타자가, 전혀 다른 자가 서명하며, 모든 타자는 전혀 다르다[모든 타자는 모든 타자다]라는 진리 속에서 실패하는 서명의 시도[서명의 논문]. 이는 바로 우리가 신이라 부르는 자, 아니 스스로를 신이라 부르는 자일 것이며, 그는 필요할 때면 심지어 내가 그를 명명한다고 믿을 때에도 나의 자리에서[나를 대신해서] 서명한다. 신은 이 절대적 환유이며, 이름들을 전위시키면서 환유가 명명하는 것, 대체이고 이러한 대체 속에서 스스로를 대체하는 것이다. (…)

징표이고 봉인이지만 결코 신의 집행 수단은 아닌 신성한 폭력은 아마도 주권적인 폭력이라 불릴 수 있을 것이다."

자크 데리다, 『법의 힘』(발터 벤야민－폭력비판을 위하여 주석서)

이 유대적 서명은 자신과는 전혀 다른 타자들이 개입한 서명이다. 모든 주체는 모든 타자들 앞에 있는 법의 언어 앞에서 익명이 되고, 즉 법이라는 순수한 언어만이 존재한다. 이 순수한 언어 앞에 모든 타자들이 접촉할 수 있다. 접촉은 하되 포획은 되지 않는다. 모든 타자가 서명에 참여하기 때문이다. 자신이 서명한 것은 다른 타자의 서명에 의해 이름이 겹쳐지며, 수많은 이름들이 이 순수한 언어에 접촉해 서명하면서 모든 이름은 겹쳐지면서 익명이 된다. 이 익명으로서의 이름은 신의 이름이다. 모든 이름은 서명이 겹쳐지면서 지워지고 그것은 인식할 수 없는 서명, 그러나 모든 개인이 접촉하고 참여한 서명이다. 연동되고 통합된 술어들의 다발은 이 폭력 앞에서 해체되며, 해체된 술어들은 개인들과 만난다. 즉 통합된 것에서 해체된 술어는 모든 타자들의 삶의 형식과 만난다. 모든 개인은 이 술어에게 명령을 내린다. 돌진! 혹은 중지! 모든 개인들은 서명의 서명을 덧씌워 단 하나만을 이루는 신적인 폭력을 요청한다. 이 신적인 폭력은 어떤 정치가 혹은 정당의 이름으로 서명하지 않는다. 오히려 그것은 서명의 서명이라는 무한히 겹쳐진 익명이 된 신의 이름이다. 익명이라는 신의 이름은 상시로 법을 세우고 부수지만 항상 이름을 달리하는 익명이다. 왜냐하면 술어들이 연동되지 않고 비대칭적으로 각기 해체된 몸체이기 때문에 일회적이고 국소적인 폭력으로 작동하고 증발하기 때문이다. 그래서 법은 항상 위태롭다. 어떤 상황이 도래해 법은 언제든 파괴될 수 있기 때문이다. 또한 그것은 신의 이름으로 행해지는 폭력이다. 그래서 위험하다. 어떤 상황이 도래해 모든 개인들에게 법을 강제할 수 있기 때문이다. 그러나 타자들이 마주치는 서로 다른 맥락에 따라 모든 개인들은 상시로 신을 요청해 법을 부수고 세운다. 수많은 타자들이 겹쳐진 익명이라는 서명은 유대의 정신이다. 자신이 서명했지만, 또한 전혀 다른 자가 서명했기 때문이다. 즉 그것은 모든 개인들의 서명이 겹쳐졌기 때문이리라. 신은 언제나 익명으로서 출현한다.

나의 소망은 네트워크를 통해 강탈된 법을 생산하는 주권을 되찾는 것이다. 이 강탈된 주권을 되찾는다는 의미는 무엇일까? 그것은 민중과 분리된 삼권분립 구조에 균열을 드러내는 행위이다. 나는 대의민주주의가 민중과 분리된 의결구조라는 것을 조국사태에서 깨달았다. 반대가 압도적으로 다수임에도 불구하고 법무부 장관으로 임명된 사태는 분명히 민중의 의지와 독립적으로 움직이는 행정부와 입법부의 권한을 보여줬다. 이때만 이랬을까? 과거 노무현 대통령 탄핵소추 당시에도 국회는 민중과는 분리된 결정을 내리지 않았던가. 항상 경험하는 일이다. 즉 여론조사와 입법과 행정명령이 반대되어 결정되는 사건들이 발생하는 일은 대의민주주의에서 매번 발생하는 일이다. 이것은 예외가 아닌 상례이다. 그러면 입법부와 행정부가 민중과 분리된 예외상태를 창출했을 때 그것이 통용되었다면 '주권자란 예외상태를 결정하는 자'라는 칼 슈미트의 정의에 비춰 볼 때 주권은 민중에게 존재하지 않는다. 왜냐하면 주권이란 예외상태가 핵심이기 때문이다. 민중은 입법부와 행정부가 강제하는 사안에 대하여 거부권과 동시에 그들이 거부할 수 없는 법 생산이라는 예외상태마저도 창출해야 한다. 네트워크에서 탄생한 새로운 패러다임은 이것을 가능하게 하지 않을까? 내가 가장 좋아하는 헤겔의 격언을 비웃으며 말이다. 여기가 로도스다 뛰어보라!

Ps: 누구나 저마다의 우울을 안고 살아간다. 하지만 이것이 가장 중요한 질문이다.

개인으로서 치료가 가능한가?
세계가 변화해야만 치유가 가능한가?
혹은 둘 다이거나.

조국(祖國)의 종말, 그 이후를 위한 새로운 이야기
―MZ세대는 어떤 선택을 할 것인가?

발행일 1쇄 2021년 10월 30일
지은이 혜려휘
펴낸이 여국동

펴낸곳 도서출판 인간사랑
출판등록 1983. 1. 26. 제일 – 3호
주소 경기도 고양시 일산동구 백석로 108번길 60 – 5 2층
물류센타 경기도 고양시 일산동구 문원길 13 – 34(문봉동)
전화 031)901 – 8144(대표) | 031)907 – 2003(영업부)
팩스 031)905 – 5815
전자우편 igsr@naver.com
페이스북 http://www.facebook.com/igsrpub
블로그 http://blog.naver.com/igsr
인쇄 성연문화사 **출력** 현대미디어 **종이** 세원지업사

ISBN 978 – 89 – 7418 – 610 – 4 03300

* 책값은 뒤표지에 있습니다. * 잘못된 책은 바꿔드립니다.